Langage Corporel

Comment comprendre les personnes et leurs comportements au moyen de la communication non verbale

Vincent Caron

Copyright 2020 – Vincent Caron. Tous droits réservés.

Les renseignements contenus dans ce livre sont fournis à titre exclusivement informatif et à caractère général, ils ne doivent donc être utilisés que dans un but de formation et NON pas pour un diagnostic sur soi-même ou sur des tiers, NI pour des fins thérapeutiques, NI pour l'automédication. Les auteurs déclinent toute responsabilité en cas de préjudices d'une quelconque nature, que l'utilisateur, suite à des informations reprises dans ce rapport, pourrait provoquer à lui-même ou à des tiers, résultant d'une utilisation inappropriée ou illégale des informations relatées, ou d'erreurs et d'inexactitudes liées à son contenu, ou causés par une libre interprétation ou par toute action éventuellement entreprise de la part du lecteur en toute autonomie. Toute reproduction non autorisée de ce livre, sous quelque format que ce soit, est strictement interdite.

Index :

INTRODUCTION 7

LA COMMUNICATION VERBALE, PARAVERBALE ET NON VERBALE 13

L'IMPORTANCE DU LANGAGE CORPOREL ET DE SON INTERPRETATION 21

LEXIQUE CORPOREL : LES ELEMENTS FONDAMENTAUX ... 29

COMMENT UTILISER LE LANGAGE CORPOREL POUR AVOIR DU SUCCES 87

EXERCICES ET CONSEILS 135

CONCLUSION 143

AUTRES LIVRES DE VINCENT CARON 147

Introduction

« La vérité est écrite sur nos visages. »
Gimmick de la série TV *Lie to Me*

L'intérêt pour la communication non verbale ne concerne plus désormais les seuls professionnels du secteur : l'attraction et la curiosité que suscite ce sujet touchent également et, de plus en plus, les médias de masse tels que le cinéma, la télévision et la littérature, jouissant d'une popularité toujours croissante auprès du public. Les passionnés des séries télévisées l'auront certainement constaté : lors des dernières années, les nombreuses productions à succès qui se sont succédées ont eu, comme thème central, l'interprétation du langage corporel ainsi que ses utilisations dans le domaine de la psychologie, en particulier de celle criminelle ; d'autre part, il s'agit d'une discipline qui présente le mérite incontestable de pouvoir s'intégrer parfaitement au genre thriller-policier, depuis toujours très populaire aussi auprès du grand public, en offrant un certain nombre d'éléments, en mesure d'apporter aux personnages une profondeur psychologique et émotionnelle majeure, tout en rendant les enquêtes, menées sur les prétendus coupables, captivantes et aux multiples facettes.

Bien entendu, un produit conçu pour le divertissement offre une vision romancée et simplifiée de la thématique en question, qui est forcément adaptée aux exigences du scénario pour en garantir la fluidité ; dans tous les cas, dans ce genre spécifique de séries télévisées, il est possible de reconnaître, à la base des évènements et des dynamiques qui y sont représentés, un fondement scientifique solide et soutenu par les théories développées lors des dernière décennies par d'éminents experts du secteur.

L'une des séries télévisées les plus populaires de ces dernières années, intitulée *Lie to me,* a pu bénéficier, lors des phases créatives et d'écriture, de l'étroite collaboration de l'un des plus prestigieux experts au monde en matière d'interprétation des micro mouvements faciaux, le psychologue Paul Ekman, qui, entre autres, a travaillé de très près avec la police et le FBI en tant que consultant et expert en communication non verbale. La figure du personnage principal de la série a, en effet, été tracée sur la base des expériences professionnelles de Ekman lui-même : le docteur Cal Lightman, interprété par Tim Roth, est un consultant expert dans le domaine de l'interprétation des expressions faciales et du langage corporel, et il utilise ses connaissances pour épauler les détectives et les inspecteurs en cours d'enquête, à la quête de signaux imperceptibles qui puissent trahir les suspects et dévoiler la vérité occultée derrière leurs mensonges.

Comme déclaré par Ekman lui-même, le déchiffrage des micro-expressions faciales représente une technique extrêmement plus complexe par rapport à celles reprises dans la réalité fictive de la série, car marquée par des temps bien plus longs, et exposée bien sûr à de possibles erreurs d'évaluation. Toutefois, de manière analogue à ce qui se produit lors du feuilleton télévisé, il est possible, dans la vie réelle, d'extrapoler un grand nombre d'informations relatives à la personne devant nous, en interprétant simplement les expressions et la gestuelle corporelles, dont beaucoup d'entre elles sont imperceptibles à un coup d'œil non attentif ou non entraîné. En 1978, Paul Ekman a été co-responsable, en compagnie du scientifique W. Friesen, de l'introduction de la note technique *Facial Action Coding System (FACS)*, utilisée pour identifier l'état émotionnel ainsi que les sensations de la personne contrôlée, au moyen de l'analyse des micro-expressions faciales, caractérisées par des temps de très courte durée, quasiment instantanés, qui nécessitent d'une préparation adéquate pour parvenir à leur décodage.

Il s'agit là d'un fait largement prouvé : nous pouvons mentir au travers de nos mots, mais non pas avec notre corps. Il est extrêmement difficile de dissimuler à un observateur expert et attentif notre réel état émotionnel, qui tend, inévitablement, à se révéler au travers de nos mouvements et de notre expression corporelle ; maintenir un contrôle du propre corps d'une manière ferme et totale, pendant un laps de temps prolongé, s'avère être une épreuve plutôt compliquée, surtout dans une condition de stress émotionnel ou physique : nous pouvons travailler pour y réussir si ce n'est qu'en passant par une observation attentive et constante de nous-mêmes et des autres, et en se soumettant, conjointement, à un long processus composé d'exercices d'auto-analyse et de maîtrise de soi.

Una prise de conscience majeure ainsi qu'une connaissance approfondie du langage corporel nous permettront donc, non seulement de pouvoir lire et décoder les signaux que les personnes de notre entourage ne veulent pas, ne réussissent pas, ou ne peuvent pas nous communiquer ouvertement, mais aussi d'exercer un plus grand contrôle sur nous-mêmes : gérer au mieux notre propre langage corporel nous permettra, en effet, de filtrer les messages que nous pourrions, involontairement, transmettre à notre interlocuteur, en engendrant ainsi des impressions contradictoires ou négatives, ou encore en lui permettant d'intercepter quelque chose d'intime et de privé sur notre compte que nous voudrions garder pour nous seuls.

La lecture du langage corporel constitue donc une grande ressource ainsi qu'une opportunité nous permettant de soutenir notre intuition naturelle, pour la perfectionner et la guider vers une compréhension plus ample, plus attentive et approfondie de l'expressivité du corps humain ; cela nous permettra de vivre, avec une approche plus positive, notre vie sociale, en tirant le meilleur parti de chaque situation et en gérant de manière plus constructive les moments éventuels de tension.

La communication verbale, paraverbale et non verbale

« *La communication a lieu quand, en plus du message, il y a aussi un supplément d'âme.* » - Henri Bergson

La communication verbale entre les êtres humains est, forcément, liée à la connaissance en commun d'un idiome déterminé : il s'avèrera impossible de transmettre des messages verbaux en parlant une langue que notre interlocuteur ne connaît pas. Et pourtant, il n'est pas rare que l'on soit, de toute manière, capable de l'interpréter, tout en ne comprenant pas un seul mot de la langue de l'autre : comment est-ce possible ? La raison est bientôt dite : le langage corporel est une forme expressive en mesure de surmonter les barrières culturelles et linguistiques qui, au contraire, limitent les mots. Combien de fois, peut- être en vacances, nous est-il arrivé de devoir nous exprimer nécessairement par des gestes ? Effectivement, c'est un peu laborieux, mais dans la plupart des cas, si l'interlocuteur est disposé à collaborer, nous réussissons à nous faire comprendre avec succès. Et puis, il n'est pas rare qu'entre deux personnes, se déclenche l'étincelle de l'amour sans qu'ils se comprennent l'un l'autre : au fond, les mots ne servent pas à grand-chose, dans ces cas-là.

L'un des aspects les plus intéressants qui caractérise l'étude de la communication non verbale est constitué, en fait, par son caractère fondamentalement universel : les gens qui parlent des langues différentes se trouveront face à l'impossibilité de communiquer par les mots, mais l'expressivité corporelle représente souvent une zone libre, au travers de laquelle il est possible de créer des canaux de communication totalement indépendants de la langue et de la culture d'appartenance.

Le langage verbal, que nous n'exprimons qu'avec des mots, n'est qu'un des aspects qui caractérisent la communication interpersonnelle entre deux individus ou plus, et nous sommes désormais certains qu'il ne s'agisse même pas du plus important ; si nous tendons à nous concentrer excessivement sur le seul aspect du contenu des messages que nous recevons et transmettons, nous courons le risque de négliger les divers facteurs qui constituent la communication non verbale. Si nous devions quantifier, en taux de pourcentage, l'incidence des différentes formes de communication dans les interactions humaines, nous serions surpris du rôle très important joué par la composante non verbale ; selon différentes études de linguistique et de psychologie, une grande partie de nos moyens d'expression quotidiens est représentée par la communication non verbale ou paraverbale, qui est donc véhiculée par le langage corporel et par le ton de la voix, plutôt que par des contenus proprement linguistiques. Pour fournir quelques chiffres : une étude bien connue et prisée, conduite dans les années soixante-dix par le psychologue américain Albert Mehrabian, révèle qu'au cas où un message communiqué verbalement est perçu comme incompatible par rapport à ce qui est exprimé au travers du langage corporel, c'est ce dernier qui revêt une valeur prépondérante quant à l'appréciation du message même, par rapport à la communication linguistique-verbale, jusqu'à en déterminer carrément le 97% du contenu perçu. En d'autres termes, si lors de la communication d'un certain message, les mots, le ton de la voix et l'expressivité corporelle ne sont pas "alignés" et cohérents entre eux, ce sont ces deux derniers facteurs qui acquièrent pour l'interlocuteur une valeur plus importante par rapport à la portée en soi des mots prononcés, et ils auront une emprise décisive sur la nature du message reçu.

La capacité de s'exprimer efficacement au moyen d'un langage verbal structuré est l'une des caractéristiques fondamentales qui différencie les êtres humains des autres espèces : les potentialités de l'homme sont nettement plus sophistiquées et élaborées que celles des autres animaux, même des plus évolués, qui possèdent pourtant des formes de langage bien articulées. Cependant, il ne faut pas oublier que cette particularité propre de l'être humain est une conquête évolutive relativement récente: avant de développer la capacité de s'exprimer verbalement, notre espèce avait développé et structuré des systèmes de communication différents, pré-linguistiques et, par conséquent, non verbaux, que nous amenons encore aujourd'hui avec nous, en tant qu'héritage biologique et génétique dont nous ne pouvons pas nous défaire, même si nous le voulions, et que nous partageons avec un grand nombre d'espèces animales. Ce n'est pas un hasard si l'un des premiers ouvrages consacrés au sujet *"L'expression des émotions chez l'homme et les animaux"*, écrit par Charles Darwin en 1872, examine, comme en témoigne le titre clairement, l'expressivité humaine en comparaison à celle animale, en établissant donc un parallélisme important entre les deux mondes et en les rapprochant considérablement. Quant à ce complexe bagage biologique, nous ne pouvons, en aucun cas, le méconnaître si nous souhaitons comprendre, en profondeur, le comportement humain, y compris celui de l'homme moderne, technologique et civilisé, du troisième millénaire.

Il va de soi qu'un grand nombre de gestes et de comportements peuvent être attribués à des facteurs de nature culturelle et sociale: il est bien connu que le même signal peut avoir des significations divergentes et parfois antithétiques dans les différentes régions du monde, et que, par conséquent, il convient de prêter attention et d'avoir le tact nécessaire lorsque l'on est en voyage ou l'on interagit avec des gens de cultures différentes, sans déduire forcément que les mêmes gestes doivent nécessairement revêtir la même valeur sémantique. Pour donner un exemple : la grande variété des gestes propres à l'expressivité italienne constitue une particularité propre à la culture qui l'a développée, peu compréhensible de l'extérieur si elle n'a pas été préalablement étudiée et apprise.

Cependant, ce qui nous unit en tant qu'êtres humains est infiniment plus vaste de ce qui nous divise: il a été prouvé combien il existe, parmi toutes les ethnies, une corrélation substantielle des expressions faciales par rapport à l'expression des émotions fondamentales ; nous serons capables de décoder, n'importe où dans le monde, l'expression du visage démontrant la frayeur ou la colère d'une personne, quelle que soit sa culture d'origine, du fait qu'elle sera caractérisée par notre même et identique expressivité faciale. La plupart des émotions s'exprime donc de la même manière dans chaque culture, indépendamment de toute connotation ethnique et linguistique ; joie, peur, colère, dégoût, tristesse, surprise : ces émotions fondamentales, ainsi que beaucoup d'autres qui en découlent, répondent à certains automatismes expressifs, et quiconque, universellement, est en mesure de les décoder, avec une marge d'erreur extrêmement réduite.

Nous sommes capables de lire le visage de l'autre dès la plus tendre enfance: en fait, la perception de certaines expressions fondamentales relève d'une faculté innée, en tant que bagage biologique, dont tous les êtres humains font preuve dès les tous premiers jours de leur vie : même les nourrissons semblent, en effet, être capables de reconnaître les émotions des autres à travers l'expressivité de leurs visages, qu'ils apprendront, par la suite, à reproduire, de façon automatique, grâce à l'activation des dénommés neurones miroirs.

L'importance du langage corporel et de son interprétation

« Tes actes parlent si fort que je n'entends pas ce que tu dis. »

- Ralph Waldo Emerson

À l'époque où nous vivons, une bonne partie de la communication interpersonnelle est confiée à des outils électroniques : appels téléphoniques, messagerie instantanée, courriers électroniques, réseaux sociaux, et ainsi de suite. Il s'agit d'une avancée technologique qui a, sans aucun doute, marqué un formidable bond en avant, en termes de vitesse et de fréquence de nos interactions sociales, concernant aussi bien celles liées à la sphère privée que celles liées au monde du travail. Jamais dans l'histoire de l'homme il n'y a eu "autant" de communication qu'aujourd'hui : chaque jour, une quantité incalculable d'informations est échangée aux quatre coins de la planète, à une vitesse qui, jusqu'à il y a quelques années, aurait été vraiment inimaginable. Ces opportunités nous ont, incontestablement, rapprochés, mais souvent ce nouveau type de relationnel "virtuel" semble s'affirmer au détriment de la proximité corporelle et de la proximité réelle. Nous pouvons aisément passer un coup de fil à une personne qui vit de l'autre côté du monde, en maintenant une régularité dans les relations, hypothèse pratiquement impensable jusqu'à il y a quelque temps, mais, en revanche, nous avons tendance, de plus en plus, à ne pas rechercher le contact physique et réel avec les personnes qu'au contraire nous pourrions rencontrer direct face à face, en privilégiant même peut-être une communication à distance. Nous ne devons pas oublier qu'une communication, faisant abstraction de la proximité physique et du contact corporel, nous prive de la possibilité d'un échange de signaux qui sont d'une importance fondamentale pour comprendre notre interlocuteur plus à fond et plus intimement, et nous permettant, à notre tour, de nous faire comprendre ; ce type d'interaction à distance risque d'aplatir la conversation à la simple dimension verbale, qui, comme nous l'avons dit, ne représente qu'une des différentes composantes constituant la communication interpersonnelle, nous conduisant ainsi à laisser de côté et inexplorés certains des aspects fondamentaux nécessaires pour une compréhension complète de l'autre et de ses émotions. L'incapacité de scruter le visage d'autrui, l'impossibilité de pouvoir évaluer ses mouvements, ses gestes, son comportement cinétique en général, la façon dont il positionne le corps par rapport à nous, rendront impossible l'évaluation des éléments non verbaux de la communication, ce qui nous empêchera donc de pouvoir faire une série de considérations de grande et vitale importance. Et malheureusement, l'emploi d'émoticônes ou de smileys dans les messages ou les chats, ne pourra jamais suppléer aux expressions faciales.

Pas que nos émotions et sensations : au fond, notre histoire personnelle également est inscrite, dans sa totalité, sur notre corps, il suffit uniquement d'apprendre à la lire. Il existe de nombreux courants de pensée, en psychologie et en psychanalyse, qui plus qu'à un binôme esprit-corps, se rapportent à l'être humain comme à "Un psychosomatique" ; selon cette approche, dépassant le dualisme cartésien, le lien entre le corps et l'esprit, le *soma* et *la psyché*, est si puissant et indissoluble que dans l'expression corporelle, nous pouvons lire non seulement une émotion temporaire, mais aussi les traits de caractère et les expériences qui ont formé un individu au cours des années. Le corps et ses mouvements constitueront donc une sorte de biographie vivante de notre vécu personnel, portant la trace permanente des empreintes de ce qui nous a marqués dans le bien et le mal, de ce qui nous a traumatisés, de ce qui nous a forgés, au fil des années, jusqu'à ce que nous devenions ce que nous sommes. Tout ce flux d'informations sera nié dans le cadre d'une relation qui exclut la présence physique, nous privant de la possibilité de comprendre jusqu'au fond la personne à laquelle nous nous adressons.

Notre corps communique constamment avec le monde extérieur auquel il est lié par une interrelation inexorable : il interagit, il décode les messages et les transmet à son tour ; cet échange se produit souvent et largement à un niveau inconscient et involontaire, sans donc même que notre conscience ne soit interpellée. Nous lisons tous déjà le langage corporel des autres et nous sommes, à notre tour, scrutés par ceux qui nous entourent : il s'agit d'une caractéristique innée et incontournable de l'être humain. Vu qu'il s'agit d'un automatisme lié à l'instinct naturel, mis souvent en œuvre d'une façon pressée et inconsciente, bon nombre des évaluations développées et communiquées par notre intuition sont souvent peu soignées et peu utiles ; il arrive constamment que nous soyons incapables de rendre compte de nos appréciations en les motivant d'une manière rationnelle. Combien de fois ne parvenons-nous pas à justifier le pourquoi une personne a éveillé notre antipathie ? Ou du pourquoi, au contraire, on croit pouvoir faire confiance à quelqu'un aveuglément ? Dans de nombreux cas, être conditionnés par les premières impressions peut être délétère, surtout lorsqu'il est nécessaire d'instaurer un relationnel avec la personne en question, par exemple, pour des raisons professionnelles.

Des disciplines telles que la psychologie, la sociologie, les neurosciences et l'anthropologie nous fournissent, aujourd'hui, d'excellents outils interprétatifs, à conjuguer avec nos capacités innées, et à considérer, en tout cas, comme fondamentaux et primordiaux ; une prise de conscience majeure et une compréhension plus approfondie de l'expressivité du corps, qu'il s'agisse de la nôtre ou de celle des autres, peut se révéler une *soft skill* déterminante pour tirer le meilleur parti de nos relations interpersonnelles, en nous garantissant une gestion fructueuse et sereine de toute situation. Pour atteindre cet objectif, il est important, cependant, d'apprendre à se connaître, à se familiariser avec la propre corporéité et à reconnaître, chez les autres, les signaux, parfois même minimes et imperceptibles, qui nous communiquent un message souvent radicalement différent de ce qui est exprimé, il se peut aussi simultanément, par les mots.

L'acquisition de ces outils peut s'avérer extrêmement utile en l'occasion de nombreuses situations différentes que nous pouvons nous trouver à vivre au quotidien : que ce soit la vie personnelle et familiale ou la vie professionnelle, que cela concerne les études ou les loisirs.

Il s'agit, aussi, d'une compétence de plus en plus recherchée et valorisée sur le lieu de travail : il n'est pas rare que les entreprises elles-mêmes organisent des cours et des séminaires pour leurs employés afin de leur permettre de développer leurs capacités de lecture de la communication non verbale. Une prise en compte attentive du langage corporel peut, en effet, se révéler une étape fondamentale pour le développement d'une empathie majeure, élément qui peut s'avérer très utile dans la gestion des questions de nature professionnelle et des conflits interpersonnels, en assurant une collaboration plus efficace et la dissolution plus aisée de tensions éventuelles.

Dans les chapitres qui suivent, nous analyserons donc les points fondamentaux à prendre en considération pour commencer à apprendre les rudiments de ce langage puissant et archaïque qu'expriment nos corps ; nous verrons également comment apprendre à en tirer le plus grand bénéfice en toutes circonstances, en scrutant avec soin les signaux en provenance des autres et en filtrant scrupuleusement ceux que nous transmettons au monde extérieur.

Lexique corporel : les éléments fondamentaux

« Aucun mot n'est aussi clair que les expressions du langage corporel, une fois qu'on a appris à les lire. » - Alexander Lowen

Le corps humain maintient un contact constant et inéluctable avec le monde extérieur : il communique avec les autres corps et avec le contexte environnant, il réagit aux sollicitations à un point qui outrepasse souvent, comme mentionné précédemment, notre conscience et notre contrôle volontaire; nous pouvons, cependant, perfectionner nos capacités de lecture et apprendre à interpréter correctement les signaux envoyés par les autres corps, ainsi qu'à vérifier ceux que nous transmettons, en acquérant une prise de conscience majeure et davantage de maîtrise.

Nous avons déjà eu l'occasion de voir combien de nombreux aspects de l'expressivité humaine puissent être considérés comme des phénomènes de portée universelle et comment certains puissent, même, dépasser le seuil du monde animal. Une prédisposition innée et génétique se trouve à la base de l'activation automatique de certains circuits nerveux qui contrôlent les muscles faciaux pour exprimer une émotion primaire ; chaque être humain sera parfaitement capable de la reconnaître chez l'autre sans les restrictions de la langue et de la culture, sans l'aide d'un interprète ou d'une explication verbale. Toutefois, il pourrait se vérifier à maintes reprises, qu'interpréter le langage corporel d'autrui s'avère être une tâche très compliquée : les relations humaines ne reposent presque jamais sur un rapport totalement sincère et l'on ne se trouve pas toujours dans la condition de pouvoir s'exprimer librement, pour différentes raisons d'ordre personnel, social ou culturel. C'est justement en de telles circonstances que l'utilité de comprendre et de gérer au mieux la communication non verbale entre en jeu. Un œil attentif et entraîné sera en mesure de capter les signes d'une émotion, d'un état d'esprit, d'un sentiment même lorsque son interlocuteur tente de les dissimuler : c'est dans ce but précis, qu'il a été développé un système scientifique pour le décodage des micro-expressions faciales, le FACS déjà cité ci-dessus.

Examinons maintenant les éléments principaux dont s'occupe l'étude du langage du corps, laquelle, contrairement à ce que l'on pourrait penser, ne se limite pas à la simple gestuelle des membres du corps et à l'expressivité du visage : pour évaluer la personne que nous avons face à nous, il est indispensable aussi de prendre en compte d'autres aspects que nous aurions tendance, peut-être, à considérer comme secondaires : la posture, la démarche, la façon de rester debout, la proxémique, la rigidité des muscles du corps entier ; chacun de ces éléments contribue à caractériser les propres messages d'expressivité corporelle. Afin de traiter le sujet de façon schématisée, nous subdivisons le corps humain en sections, en en décrivant les caractéristiques principales ; n'oublions pas non plus que, pour comprendre pleinement les messages du corps de l'autre, l'évaluation devrait être faite en tenant compte de tous les facteurs globaux, sans jamais se concentrer sur un seul aspect ou une seule zone du corps ; se concentrer sur un seul indice pourrait constituer un obstacle à une bonne lecture de la situation.

Visage et expressivité faciale

La lecture du visage de la personne en face de nous représente l'une des principaux outils pour essayer de décoder ses véritables émotions, sensations et intentions : il s'agit d'une technique que nous utilisons déjà amplement au quotidien et dont nous sommes dotés dès notre naissance ; toutefois l'interprétation de la mimique faciale, d'une façon systématique et scientifique, est une discipline ardue et complexe, qui requiert de l'attention et de l'exercice. Il n'est pas toujours facile de décoder les expressions faciales surtout quand il y a l'intention de les dissimuler : dans ces cas, les expressions faciales peuvent véhiculer des signaux contradictoires ou être de si courte durée qu'ils sont presque imperceptibles. C'est précisément dans ces cas que l'on parle de micro-expressions, qui se diffèrent des expressions faciales normales pour le fait qu'elles ne durent pas plus d'un quart de seconde. Découvertes dans les années 60, elles constituent aujourd'hui encore un élément suscitant un très vif intérêt dans le domaine de la communication non verbale.

Le visage humain est composé de 43 muscles différents : comme nous l'avons déjà souligné, lorsque nous éprouvons une émotion, ceux-ci s'actionnent selon de spécifiques schémas nerveux internes qui déclenchent une expression du visage déterminée. Toutefois, lorsque nous mentons et nous simulons un état d'âme ou nous exprimons un sentiment non sincère, en nous efforçant donc de manifester, avec notre mimique faciale, quelque chose de fictif, de forcé, il se pourrait qu'on ne réussisse pas à contrôler volontairement, et pour tout le temps nécessaire, l'ensemble de la musculature du visage, ce qui permettra, d'une manière totalement involontaire et pour une seule fraction de seconde (environ entre 1/15 et $1/25^{\text{ème}}$ de seconde), de laisser planer nos véritables émotions. La difficulté d'interprétation de ces signaux n'est pas uniquement liée à leur courte durée : le nombre élevé de muscles faciaux présents sur le visage humain et impliqués dans l'expression fait en sorte que les micro-contractions (on a retenu 7 micro-expressions de base) peuvent s'associer en un très grand nombre de combinaisons (jusqu'à 10000), ce qui complique énormément la tâche de les capter, de les isoler et de les interpréter de la manière la plus appropriée.

Passons maintenant en revue les messages principaux que peut véhiculer la mimique faciale, en nous penchant sur les yeux, le nez et la bouche.

<u>Les yeux et le regard</u>

Un examen attentif des mouvements des yeux et du regard nous permet d'obtenir un grand nombre d'informations sur les pensées et les émotions effectives de la personne en face de nous : il n'est pas surprenant que nous soyons amenés à considérer les yeux comme les fenêtres de l'âme (ou de l'esprit, si l'on préfère). C'est l'un des aspects de la communication non verbale le plus pris en compte pour essayer de comprendre si le propre interlocuteur ment ou non : un certain schéma de mouvement oculaire, répété dans le temps, constitue, en fait, un indicateur formidable sur le genre de mécanisme cérébral en place, à un moment donné. Procédons donc à l'analyse de quelques-uns des éléments qui peuvent nous aider à décoder et à interpréter les mouvements qui concernent les yeux.

- **Direction du regard en tant qu'accès oculaire :** il a été amplement démontré combien le mouvement oculaire soit étroitement lié à l'activité cérébrale : une certaine direction du regard, actionnée plusieurs fois, et la plupart du temps, de façon involontaire, constitue une trace de l'activation d'une zone du cerveau bien déterminée :

1. Le mouvement vers la droite en haut (**visuel construit**) indique la construction créative d'une image ;
2. Le mouvement vers la gauche en haut (**visuel remémoré**) indique une activité mnémonique, le souvenir d'une image ;
3. Le mouvement vers la droite au centre (**auditif construit**) indique l'élaboration créative d'un son ou d'une voix ;
4. Le mouvement vers la gauche au centre (**auditif remémoré**) indique le souvenir d'un son ou d'une voix que l'on connait déjà ;
5. Le mouvement vers le bas à droite (**kinesthésique**) indique une sensation en cours ;
6. Le mouvement vers le bas à gauche (**dialogue interne**) indique une réflexion interne en cours.

Une précision importante : si l'on évalue les gauchers, il faut garder à l'esprit que les caractéristiques des hémisphères sont inversées, donc cette schématisation des mouvements oculaires doit être effectuée en miroir, car basée sur les caractéristiques cérébrales des droitiers.

La capacité de comprendre quelle est la zone du cerveau active pendant un certain laps de temps et en correspondance de l'affirmation d'une certaine déclaration, nous permet de capturer des données importantes sur les fonctions cérébrales en action et, par conséquent, de savoir si les informations communiquées sont le fruit d'un processus mnémonique ou si elles ont été produites, d'une façon créative, à l'instant ; c'est l'un des instruments les plus utilisés pour évaluer si une personne ment ou pas, dans la mesure où il nous permet de comprendre si les événements et les faits signalés se sont réellement produits, ou s'il fait appel à sa créativité pour forger à l'instant les contenus qu'il nous communique.

Nous avons pris en compte les mouvements oculaires en tant qu'indicateurs de l'activité propre de certaines zones du cerveau ; examinons maintenant les regards et leurs significations. Il n'y a pas que le seul mouvement oculaire qui caractérise un genre de regard mais également plusieurs autres facteurs tels que le mouvement des sourcils et des paupières, ainsi que l'activation de la musculature du visage qui s'y accompagne.

- Un **regard fuyant** ou fugace peut aussi être lu comme synonyme d'embarras, d'appréhension ou de crainte et c'est un signal qui indique la difficulté ou l'impossibilité de soutenir un contact visuel constant et prolongé ; il peut être fréquent chez les personnes timides et peu sûres d'elles, mais il peut également être interprété comme s'agissant d'un symptôme révélateur d'un grand embarras dû par une appréhension particulière vis-à-vis de l'interlocuteur ; en combinaison avec d'autres facteurs, il peut être considéré comme un détecteur signalant que la personne en question est en train de mentir. Éviter le contact visuel avec l'autre pourrait être considéré comme un geste malpoli démontrant le peu d'intérêt pour les mots prononcés, surtout si le regard est ensuite tourné vers d'autres personnes et objets ou si, en général, on donne l'impression d'être distrait ;

- Contrairement au cas précédent, un **regard fixe**, intense et prolongé, est significatif d'un caractère désinvolte et sûr de soi et démontre aussi un intérêt sincère et profond à l'égard de son interlocuteur ; un regard particulièrement prolongé dans le temps, qui devient même insistant ou harcelant, accompagné aussi par des yeux mi-clos et par une contraction des muscles faciaux (telle que les sourcils froncés), peut être interprété comme un acte hostile et agressif ;

- Le **regard de travers**, oblique ou dérobé, est un clair signal de méfiance, de manque de confiance ou même d'aversion ou d'intolérance ;

- L'incapacité de maintenir le contact visuel avec l'autre, en tournant constamment le propre **regard vers le bas** est un clair signe de soumission et de peur, à l'égard du propre interlocuteur : regarder continuellement vers le sol révèle, en fait, la recherche d'un refuge ou d'une échappatoire à la conversation qui est manifestement insoutenable ;

- **Lever les yeux au ciel,** comme on le sait, représente souvent un indice d'ennui ou de frustration ; ceux qui lèvent les yeux au ciel démontrent de l'intolérance ou de l'irritation envers quelque chose ou quelqu'un ;

- Les **yeux grands ouverts** sont un élément constitutif de l'expressivité du visage de différentes émotions, ils sont donc difficiles à interpréter si on ne les considère pas en combinaison avec d'autres signaux du visage et du corps : ils sont un indice d'émotions négatives telles que la colère, la peur, le désarroi, mais aussi témoins d'émotions positives telles que l'intérêt et l'attraction sexuelle, ou bien la surprise ;

- **Cligner des paupières** avec une fréquence particulièrement intense peut être considéré un symptôme de nervosité et de tension, mais aussi de désarroi et d'incrédulité à l'égard d'une situation particulière que l'on est en train de vivre ; cet élément peut être aussi entendu comme un indice de mensonge du fait qu'il se présente lorsque l'on subit une tension corporelle intense ; d'autre part, battre des cils peut être entendu comme un signal d'intérêt et d'attraction et on l'utilise souvent en tant qu'arme de séduction ou d'invitation à faire la cour, surtout de la part des femmes. Il s'agit donc d'un élément à prendre soigneusement en considération par rapport à une situation donnée, car il peut avoir des interprétations bien différentes ou même contradictoires ;

- **La fermeture des yeux prolongée** pour un temps beaucoup plus long de celui employé pour le simple clignement des paupières, bien souvent accompagnée par le haussement simultané des deux sourcils, est un indice de repli, d'aversion ou d'intolérance à l'égard du propre interlocuteur ou d'une situation donnée ; souvent, ce geste communique l'intention de cesser d'interagir avec l'autre ou bien le souhait de vouloir échapper mentalement ou physiquement du contexte où l'on se trouve.

Un autre élément intéressant à analyser, pour ce qui a trait aux yeux concerne les **pupilles** : leur dilatation représente, d'habitude, un indicateur évident de désir, de plaisir, et d'excitation, même sexuelle, tout comme de surprise et d'étonnement ; au contraire, leur contraction indique une sensation d'animosité et d'agacement qui se manifeste lorsque nous ressentons quelque chose de désagréable. En étudiant ce facteur, il est souhaitable de garder à l'esprit que la luminosité ambiante a un impact significatif sur la dilatation des pupilles.

Une dernière évaluation, en relation à la partie supérieure du visage, concerne les **sourcils** : il y a un grand nombre d'expressions faciales, aussi bien positives que négatives, qui intéressent les muscles de l'arcade sourcilière, une zone très concernée par la mimique faciale.

- Les **sourcils froncés** peuvent être associés à une indication de désarroi, de doute et de perplexité, mais ils caractérisent également les manifestations d'agressivité et de douleur, aussi bien physique qu'émotionnelle ;

- Les **sourcils baissés** vers les yeux évoquent des émotions telle que la colère, le découragement, la frustration ou la douleur ; dans ce cas également, il faut faire très attention au contexte, car ils pourraient également signifier que la personne examinée se concentre intensément sur quelque chose, sur une tâche ou un objet ;

- **Le fait de lever un ou tous les deux** sourcils pendant un bref instant, indique, généralement, un mouvement qui s'accomplit en même temps d'un salut ou d'un signe de tête amical adressé à quelqu'un ; s'ils restent levés pendant un temps prolongé, le geste peut signifier une grosse surprise ou bien une attention intense ;

En conclusion, il est possible d'affirmer que le contact oculaire représente l'un des aspects fondamentaux de l'expressivité faciale humaine, à prendre en bon compte dans toutes les formes d'interaction sociales : il est indispensable de garder avec le propre interlocuteur un contact visuel constant mais pas trop insistant ; tandis que le fait d'éviter le regard d'autrui sera interprété comme un signe de faiblesse ou de peur. Mais nous verrons tout ceci dans les chapitres suivants qui en parleront plus en détail.

La bouche

Les mouvements de la bouche sont l'autre facteur fondamental à prendre en considération lors de l'évaluation de la mimique faciale humaine ; les expressions de la bouche sont, en effet, concernées lors de l'extériorisation d'un vaste éventail d'émotions et de signaux.

Le sourire

Le sourire est l'une des premières mimiques faciales qu'un nourrisson apprend à reconnaitre et à reproduire ; expression universelle, innée et diffusée parmi toutes les cultures, le sourire est un signal qui indique la bienveillance et la cordialité, et il s'agit aussi de la première interaction avec laquelle nous abordons les autres. Mais en quoi un sourire sincère se différe-t-il d'un pseudo-sourire ? Y-a-t-il des détails qui peuvent nous aider à les différencier ? Les sourires ne sont pas tous les mêmes, il faut donc apprendre à discerner les différentes typologies pour réussir à comprendre les intentions réelles et les émotions de la part de la personne que nous avons en face.

- Un **sourire sincère** et authentique (dénommé également le sourire de Duchenne, du nom du chercheur qui en a tracé les caractéristiques) se reconnaît du fait qu'il active non seulement la bouche, mais toute la musculature faciale : les yeux seront concernés par la formation des dites "pattes d'oie", les pommettes remonteront vers le haut et, en général, on assistera à l'activation de toute l'expressivité faciale qui sera concernée de manière symétrique et cohérente. En outre, un sourire authentique se caractérise souvent par la bouche ouverte (plus ou moins, selon les circonstances) au point de montrer les dents : le sourire dit à 32 dents est celui qui, indéniablement, exprime une sincérité majeure et une participation accrue ;

- Au contraire, un **pseudo-sourire**, non sincère ou de simple circonstance, tend à n'impliquer que la bouche, en laissant le reste des muscles fasciaux statiques ; il apparait d'habitude plus rapide par rapport au sourire sincère et il présente souvent des éléments d'asymétrie sur les deux parties du visage. Si le sourire est fait en tenant les dents serrées, ou même contractées, avec les lèvres fermées, très probablement, il s'agit d'une expression faussement amicale qui peut masquer des sentiments d'aversion ou d'hostilité.

En plus du sourire, il y a différents signaux de nature variée qu'il est possible de capter et d'évaluer, en ayant soin d'observer le mouvement des **lèvres et de la langue** ;

- **Pincer légèrement les lèvres,** sans les serrer ou les contracter, indique, d'habitude, que nous sommes en train de prêter le maximum d'attention à ce que nous sommes en train de faire, de voir ou d'entendre ;

- **Rétracter les lèvres** vers l'intérieur est, au contraire, un geste qui exprime une fermeture à l'égard du monde extérieur et des autres, comme si nous voulions nous cacher, nous protéger et dissimuler nos véritables émotions ;

- Au contraire, **faire sortir les lèvres vers l'extérieur**, en les retroussant légèrement, en un geste semblable à un bisou, démontre un intérêt et une attraction pour ce que nous observons ou ce que nous écoutons ; si le geste ne concerne que la lèvre inférieure, il pourrait alors s'agir d'in indicateur de commotion ou de douleur ;

- **Serrer les lèvres** est une des composantes qui constituent une mimique faciale agressive, agitée, colérique ; il pourrait s'agir d'un signal indiquant l'intention d'attaquer le propre interlocuteur ;

- **Se lécher ou mordiller les lèvres** est un signal qui dénote, en général, un sentiment de plaisir et d'attraction à l'égard de ce que nous ressentons ; d'autre part, il est fondamental, pour donner au geste une juste interprétation, de noter si l'on montre ou non les dents : dans ce cas, cette expression peut être lue comme un signal d'agressivité et de défi ;

- **Pousser la langue contre les parois de la bouche** à plusieurs reprises est synonyme de contrariété et d'intolérance face à une certaine situation, ou vis-à-vis du propre interlocuteur ;

- **Passer la langue sur les lèvres** peut être interprété de façon différente, en fonction de certains détails : montrer et faire rapidement glisser la langue sur la lèvre inférieure peut être capté comme un signal d'anxiété et de tension, à cause d'une envie instinctive à humidifier les lèvres afin de pallier à la sécheresse de la bouche ; un geste plus lent et avec davantage d'ampleur peut, au contraire, révéler de l'attraction et de l'intérêt, surtout du point de vue physique ;

- **Étirer les coins de bouche vers le bas** est un signal de peur ou de douleur, qui peut ou non être accompagné par d'autres expressions faciales ; tandis que l'étirement latéral dénote un sentiment de mépris ou de répulsion ;

Examinons maintenant un mouvement qui concerne les dents.

- **Grincer des dents**, c'est à dire frotter les deux arcades dentaires entre elles représente un signal évident de nervosité et de tension ; c'est un geste qui s'effectue parfois sans en avoir conscience, pendant le sommeil. Dans les états de stress et d'angoisse, il y a souvent tendance à **mordre** ou à mordiller de façon répétée les objets, tels que les stylos ou les crayons, ou encore à se ronger les ongles de façon compulsive. Il faut veiller à ne pas surestimer ces actions car elles pourraient tout simplement découler d'une mauvaise habitude.

<u>Nez</u>

Bien que moins concerné par rapport aux yeux et à la bouche, dans le domaine de la mimique faciale, car moins innervé, l'observation du nez peut aussi nous apporter des éléments intéressants pour ce qui concerne l'évaluation des expressions du visage ; examinons-les.

- Le **nez retroussé** est précisément un signal indiquant un sentiment de dégoût et de mépris, d'habitude, il se manifeste, dans la plupart des cas, en compagnie de la contraction des autres muscles faciaux, comme, par exemple, ceux de la bouche et des sourcils ;

- Les **narines écartées sont** plutôt un signe clair d'agressivité, d'intolérance et la propension à lancer une attaque imminente, verbale ou physique ; c'est un élément que l'on retrouve également auprès de nombreuses espèces animales ;

- Le nez est très sensible aux variations de tension des vaisseaux sanguins : si le corps est ébranlé par une situation stressante, il est possible de ressentir une sensation de démangeaison ou de gêne au niveau du nez. **Se toucher le nez** est, en effet, considéré comme l'un des majeurs indices révélateurs d'un mensonge.

Gestuelle des différentes zones corporelles

Nous avons passé en revue les nombreuses et différentes expressions, propres à la mimique du visage, dans le but de fournir, pour chacune d'entre elles, une interprétation appropriée ; passons maintenant à l'examen, dans le détail, des zones corporelles restantes, en partant de la tête pour arriver jusqu'aux pieds.

Tête

Une analyse minutieuse des positions et des mouvements de la tête par rapport au restant du corps, constituent un autre facteur de grande importance dans l'évaluation du langage corporel, qu'il faut prendre en considération, comme le restant d'ailleurs, en combinaison avec tous les autres éléments.

- **Hocher la tête** de haut en bas, est, indéniablement, un signe d'approbation en relation à ce qui est affirmé par ceux qui nous entourent ; hocher la tête avec calme et à maintes reprises, lors d'une conversation, est un geste qui communique de l'attention et de la participation au discours ; il faut toutefois, faire de la distinction entre un mouvement naturel, spontané et détendu, et un mouvement effectué trop rapidement, de façon nerveuse et affectée, qui pourrait dénoter une certaine hypocrisie ou bien représenter le symptôme d'une certaine agitation ;

- D'autre part, **secouer la tête** de gauche à droite est un signe évident de désapprobation et de négation : il s'agit d'un geste non verbal qui signifie un "non" ; toutefois, il est surprenant de constater que ce mouvement n'a pas de valeur universelle : dans de nombreuses cultures, secouer la tête de cette façon est une façon d'approuver, de dire "oui" ;

- La **tête soulevée vers le haut** indique, dans la plupart des cas, une attitude arrogante, hautaine ou exprimant de la prétention ; cette position de la tête est étroitement liée, en effet, au regard du haut en bas, au geste de regarder l'autre d'un œil critique. Toutefois, il ne faut pas nécessairement l'interpréter de façon négative : en fonction des circonstances qui ont lieu, il peut aussi signifier détermination, courage et dynamisme, la capacité de gérer une situation difficile ;

- Au contraire, la **tête inclinée vers le bas, courbée,** est souvent un indice de culpabilité et de désaccord à l'égard du propre interlocuteur, ou plus en général, indique un sentiment d'aversion ; elle peut également exprimer un état émotionnel morose, pas forcément lié à la personne se trouvant en face, marqué par la tristesse et la résignation ;

- **L'inclinaison de la tête d'un côté**, que ce soit celui de droite ou de gauche, est un indicatif très important lors de l'évaluation d'une interaction interpersonnelle : en effet, il s'agit d'un geste qui transmet de l'intérêt et témoigne de la participation à l'égard de l'autre personne et de ce qu'elle dit ; de plus, plier le cou est un signe clair de confiance et de détente, de disponibilité envers son interlocuteur ;

- La **tête bien droite et ferme** nous transmet une sensation de sécurité et de tranquillité ; d'autre part, ne pas bouger la tête du tout et garder une position trop rigide et ferme peut donner l'idée de froideur et de désintéressement, qui pourrait mettre mal à l'aise les propres interlocuteurs.

Bras

Procédons en partant du haut vers le bas et examinons les membres supérieurs : les bras.

- Les **bras croisés**, ou repliés, sont, en général, interprétés comme un geste de fermeture ou d'indifférence envers l'interlocuteur ou à l'égard d'une certaine situation en cours ; si on adopte cette position, en association à d'autres signes de fermeture, tels que les poings et les lèvres serrés, ceci pourrait également être interprété comme un geste d'aversion et d'hostilité. Il faut toutefois évaluer ce geste avec soin et en tenant compte du contexte dans son ensemble, car il pourrait s'agir aussi d'une position adoptée simplement pour des raisons de commodité ;

- Nous pouvons aussi identifier une variante de cette position : **croiser les bras en les saisissant par les mains** représente aussi un signe évident de peur et de méfiance, car c'est un geste qui vise à la protection du propre corps. Il pourrait également être partiel et ne concerner qu'un seul bras, qui est généralement saisi à la hauteur du coude par la main opposée ;

- Au contraire, **garder les bras la plupart du temps** ouverts lors d'une réunion, d'une conversation ou d'une conférence, est un geste qui exprime une attitude d'ouverture, un sens de sécurité et de disponibilité : en effet, ne pas ressentir le besoin de rapprocher les membres au buste, comme pour le protéger, est un indicateur de tranquillité et de sérénité, de contrôle de la situation.

Mains

Les mains constituent un intermédiaire important avec le monde extérieur : avec les mains, nous touchons et nous manipulons tout ce qui se trouve au-delà de nous-mêmes. La gestuelle des mains représente un moyen de communication formidable et il s'agit peut-être de l'une des plus complexes à lire et à interpréter : certaines cultures ont développé un langage gestuel particulièrement vaste et articulé, qui n'est souvent pas très compréhensible à ceux qui ne l'ont pas étudié au préalable. Toutefois, il y a de nombreux signaux que nous pouvons considérer comme valables au niveau universel et que nous pouvons donc analyser pour la lecture du langage corporel.

- **la poignée de main** représente souvent une carte de visite avec laquelle on se présente aux autres, elle revêt donc une importance significative dans les interactions interpersonnelles : une poignée de main ferme et résolue révèlera une attitude exprimant de la confiance en soi et de la détermination, alors qu'une poignés incertaine et faible peut être interprétée comme un signe de timidité, d'embarras et d'incertitude ; une autre considération sur la poignée de main peut être faite sur la base de l'orientation des paumes : serrer la main avec la paume inclinée vers le bas sera un indice d'agressivité et d'une tendance à la domination alors que la paume inclinée vers le haut peut être assimilée à la disponibilité et à la collaboration ;

- Garder les **mains dans les poches**, surtout dans celles du devant, peut avoir une double clé de lecture, pouvant indiquer soit un signe de timidité et de malaise soit un laxisme excessif, voire de l'impudence ; dans certaines cultures, outre le fait qu'il s'agisse d'un geste malpoli, il est interprété comme un outrage manifeste. En présence de contextes familiaux et amicaux, c'est un geste qui ne revêt aucune connotation particulière, si ce n'est un simple moyen de s'installer confortablement et de se sentir à l'aise ; glisser les mains dans les poches arrière peut avoir un sens totalement différent, car ce geste supposerait le fait de découvrir la partie avant du corps, une position qui dénote la confiance en soi et même dans certains cas, de l'arrogance ;

- Avoir les **mains avec les poings serrés** est un geste qui revêt un caractère universel d'agressivité et d'hostilité ; si notre interlocuteur adopte cette position avec les mains, il est très probable qu'il abrite des rancunes à notre égard, ou bien il montrera son désaccord envers nous et il pourrait nous attaquer verbalement sur nos positions ; dans certains cas, cela pourrait même représenter le signe d'une atteinte physique imminente ;

- Avoir les **mains jointes** est un clair signal de tension et d'incertitude ; il peut se décliner de différentes façons selon la zone du corps où les mains seront positionnées (visage, poitrine, abdomen, aine) ; en général, plus elles seront élevées, plus l'état d'anxiété ressenti par la personne en question sera important ;

- Le **mains jointes avec les doigts entrelacés** sont un signal évident de fermeture, de méfiance et d'anxiété ; comme pour le cas des mains jointes, plus les mains sont positionnées vers le haut, et donc vers la tête, plus le niveau de tension et de crainte est élevé ; garder les mains croisées sur les genoux, surtout si l'on a les jambes croisées, dénote la tendance à réfléchir très soigneusement sur les choses ;

- Les **mains du savoir** (les mains jointes par un léger contact du bout des doigts), au contraire, dénotent un état de quiétude et de fiabilité ; elles caractérisent souvent la gestuelle de personnes puissantes et influentes qui parlent ou illustrent quelque chose à leurs subordonnés ;

- Porter les **mains derrière le dos** dénote un sens de force et de supériorité de la part de la personne qui accomplit ce geste : cela indique que la confiance et l'estime de soi sont telles qu'elles peuvent laisser la partie frontale du corps, et donc la plus vulnérable, à découvert ; il s'agit de la position typique des personnes investies d'un certain pouvoir ou qui occupent des postes de prestige ou de direction ;

- Les **mains levées avec les paumes tournées vers le haut** représentent un geste de soumission, d'honnêteté et de réconciliation qui communique une propension à la collaboration et au dialogue ;

- **Se frotter les mains** est un geste qui indique en général l'avant-goût, le signe avant-coureur d'un plaisir ou d'un succès dont on profitera sous peu.

Examinons maintenant la gestuelle des mains dans le fait de toucher d'autres parties du corps ; chacun de ces gestes possède sa propre valeur importante spécifique :

- **Croiser les mains derrière la tête,** comme tous les gestes qui laissent la partie antérieure du corps à découvert, est un signe qui dénote une confiance en soi incontestable ainsi que de la tranquillité ; en effet, cette position sera adoptée uniquement par ceux qui se sentent suffisamment sûrs de soi pour s'exposer à une condition de vulnérabilité ;

- **Se toucher la tête** de façon répétée peut vouloir signifier un état d'inquiétude ou de tension ;

- **Se toucher les cheveux** avec les mains peut avoir des connotations très différentes, en fonction des éléments qui accompagnent le geste : le fait de placer les cheveux derrière les oreilles communique une prédisposition à la collaboration et à l'intention de se préparer à l'action ; tripoter une mèche de cheveux de façon compulsive dénote un état émotionnel agité et crispé ; se coiffer en permanence, en lissant et en déplaçant les cheveux, pourrait représenter un geste visant à véhiculer un intérêt à l'égard de l'interlocuteur ;

- **Se toucher ou se frotter le nez** avec les mains est un geste souvent destiné à indiquer que la personne en question est en train de mentir. « Les mensonges font allonger le nez » se réfère à une façon de dire qui a, incroyablement, un certain retour scientifique ; bien entendu, le fait que le nez puisse s'allonger n'est certainement pas plausible, toutefois il est intéressant de noter combien de fois le nez est mis en cause dans l'acte de raconter des mensonges : il est probable que lorsque nous exprimons un mensonge, la pression accrue dans les capillaires du nez peut nous faire ressentir une sensation de démangeaison qui nous amènera à le toucher ou à le gratter. C'est pour cette raison que le fait de toucher avec insistance le nez avec nos mains, en combinaison avec d'autres facteurs, peut être l'un des signaux à considérer bien attentivement si l'on a le suspect que notre interlocuteur raconte des mensonges ;

- **Se toucher la bouche et les yeux** aussi **avec les mains** peut être interprété comme un indice révélateur d'un possible mensonge ; lorsque l'on ment donc, on a tendance à se couvrir le visage comme pour se dissimuler, se cacher, dans le but, bien sûr inconscient, de ne pas laisser échapper des indices éventuels sur la vérité. Toutefois, il y a un certain nombre de modalités au moyen desquelles nous pouvons toucher le visage avec les mains, qui se déclinent de façon différente : par exemple, le fait de tapoter les lèvres avec un doigt peut être lu comme un signe de concentration sur soi-même : comme nous le verrons par la suite, toucher le visage de façon continue et intense, peut, en certaines circonstances, signifier un désir sexuel et l'intérêt pour le propre interlocuteur : alors que le toucher d'une manière distraite, peut vouloir dire, tout simplement, un manque d'intérêt envers l'interlocuteur ;

- **Se toucher les oreilles** avec les mains est une action qui pourrait indiquer du doute et de l'incertitude, ou bien le besoin de retarder une certaine question ; positionner les mains de façon telle à se boucher les oreilles est un geste clair signifiant le souhait de ne pas écouter et de refuser la situation en question ;

- **Se toucher le menton avec les mains,** un geste probablement plus fréquent chez les hommes que chez les femmes, signifie un état d'esprit pensif ou douteux ; la personne qui accomplit ce geste, est en train, vraisemblablement, d'examiner, avec attention, une question, en s'interrogeant sur ce qu'il faut faire et en soupesant les différentes options ;

- **Se gratter le cou avec les mains,** est, en général, synonyme de doute et de perplexité à l'égard d'une certaine situation, ou envers les mots prononcés par le propre interlocuteur ;

- Poser la **main sur le cœur** est un geste visant à inspirer confiance au propre interlocuteur, comme pour le tranquilliser sur les propres intentions et sur la propre bonne foi ;

- **Serrer les genoux avec les mains,** ou même un seul genou, est indicateur d'un état d'embarras ou d'une grosse inquiétude ; alors que les appuyer sans exercer de pression, indique une propension à l'écoute et une disposition à l'interaction ;

- **Poser les mains sur les hanches est** un geste qui accompagne, d'habitude, une posture droite et ferme, visant à affirmer la propre sécurité et la propre force, il peut aussi être lu comme un geste de défi, surtout si les mains ont les poings serrés.

Lors de l'évaluation de la gestuelle manuelle, nous devons également prêter une certaine attention aussi au rôle joué par les **doigts**, en particulier par le pouce et l'index ;

- Le **pouce** est le doigt le plus concerné par l'affirmation de la propre personnalité et des propres idées ; certains gestes caractérisés par le pouce levé sont un signe évident d'une grande estime de soi ; en effet, garder les mains dans les poches, avec les pouces tournés au dehors, ou bien garder les bras croisés, en laissant les pouces levés, sont des signes qui mettent en évidence une forte considération envers soi-même et le désir qui s'ensuit de domination et de contrôle sur les autres. Il s'agit, d'habitude, d'une gestuelle adoptée par les personnes qui occupent des positions de pouvoir, lorsqu'ils écoutent ou parlent avec les autres, qui sont, en général, des subordonnés ;

- L'autre doigt auquel prêter attention, lors de l'évaluation de la gestuelle des mains, se réfère au **doigt index** : considéré comme le "doigt du pouvoir", il entre d'habitude, en jeu, lorsque l'on accuse quelqu'un ou lorsque l'on donne des ordres et des dispositions. Il est extrêmement important de tenir compte de l'orientation de la paume de la main au moment où l'on donne un ordre en pointant l'index : si dirigée vers le haut, il est plus probable qu'il soit perçu de la part des autres comme s'agissant d'un ordre amical et constructif ; si, au contraire, la paume est tournée vers le bas, il est possible qu'il soit perçu comme un ordre autoritaire. Pointer l'index vers quelqu'un est, notoirement, considéré comme un geste de reproche ou d'accuse : alors que le pointer vers le haut peut représenter une façon de mettre de l'accent sur les propres mots.

<u>Jambes et pieds</u>

La partie inférieure du corps, étant la plus éloignée du cerveau, est soumise d'une façon réduite au contrôle vigilant et conscient de la part du système nerveux, elle est donc plus difficile à contrôler ; la position que nous adoptons et les mouvements effectués avec les jambes et les pieds, peuvent en dire bien long sur notre attitude à l'égard des personnes qui nous entourent. Analysons maintenant quelles sont les différentes configurations que peuvent adopter nos jambes lorsque nous sommes assis :

- S'asseoir **en chevauchant les jambes à la hauteur des genoux** peut dénoter une attitude de fermeture, de méfiance, d'une certaine réticence à écouter les autres, ou en d'autres cas, carrément de la crainte ; des conclusions analogues peuvent être tirées dans le cas de jambes croisées à la hauteur des chevilles ; dans certains contextes, et associée à d'autres facteurs, c'est une position qui peut être attribuée aussi à une intention de séduction, pratiquée surtout par les femmes ;

- S'asseoir avec les **jambes écartées**, très ouvertes ou bien croisées en appuyant la cheville de l'une sur le genou de l'autre (en formant un quatre avec les membres, pour ainsi dire) est synonyme d'estime de soi, de contrôle et de sécurité ; cette position peut aussi être lue comme l'indice d'une personnalité agressive et dominante. Pour procéder à une métaphore comparative avec le monde animal, elle peut constituer une analogie du marquage du territoire, car il met en exposition la zone génitale ; il s'agit d'une posture typiquement adoptée par les hommes qui souhaitent séduire une femme ;

- **S'asseoir avec les jambes parallèles et les genoux fermés,** en gardant les cuisses particulièrement serrées, explicite une position qui exprime une profonde maîtrise de soi et la sérénité, mais également la crainte et l'inquiétude ; elle est plus fréquente chez les femmes.

Passons à l'examen des positions et des mouvements des jambes en position debout :

- Se tenir debout avec les **jambes parallèles et excessivement serrées,** en gardant une attitude posée et rigide comme si l'on était au garde-à-vous, exprime de la tension, de la crainte ou de l'inquiétude pour la situation dans laquelle on se trouve, ou même de l'assujettissement et de la déférence à l'égard des autres ;

- Une position debout présentant les **jambes écartées, ouvertes**, est indice de tranquillité, de détente et de contrôle de la situation ; elle pourrait être jugée comme inadéquate et revêtant une forme excessivement confidentielle dans le cadre de contextes formels, car révélatrice d'une confiance en soi excessive ;

- Lorsqu'en position debout, un **pied** se trouve **devant l'autre**, en désignant une direction précise, nous sommes face à un sujet qui manifeste de l'impatience à laisser l'endroit où il se trouve et la pointe du pied indiquera le lieu choisi pour "s'échapper" ;

- Même lorsque l'on est debout, il peut arriver de **croiser les jambes** : de façon analogue à la position adoptée en étant assis, ce geste indique de l'appréhension pour une situation donnée ou bien un sens d'insuffisance et de soumission aux autres ;

- **Déplacer,** en permanence, **le poids d'une jambe à l'autre,** est un mouvement qui dénote de l'agitation et de la nervosité.

Enfin, et non des moindres, les **pieds**. Il s'agit d'une des parties du corps dont le contrôle volontaire et prolongé est le plus difficile, étant donné que cette zone se réfère à l'extrémité nerveuse la plus éloignée des centres nerveux ; le fait de prêter attention à nos pieds peut donc nous révéler de nombreuses informations utiles sur le compte de notre interlocuteur.

- **Tendre les pieds en avant** par rapport à l'axe des jambes, en position assise, démontre un signe d'intérêt et d'engagement envers les mots prononcés par l'interlocuteur ;

- Si l'une ou **les deux pointes des pieds sont orientées vers la sortie** de la pièce ou du lieu en question, il est possible que la personne en question veuille trouver un prétexte pour abandonner la conversation ou le lieu où elle se trouve, car elle se sent mal à l'aise ou bien elle s'ennuie ;

- **Rétracter les pieds vers l'intérieur par rapport à l'axe des jambes, en position assise**, peut être interprété comme un indicateur de méfiance et de fermeture à l'égard de l'interlocuteur et de la situation en général ;

- Un **mouvement continu des pieds**, qu'il advienne aussi bien en position debout qu'assise, est un signal clair d'anxiété et de tension, ou bien d'impatience et d'excitation : en particulier, battre continuellement la pointe du pied tout en s'appuyant sur le talon, est un indicateur connu de nervosité ; alors que le balancer fébrilement, toujours en s'appuyant sur le talon, est un symptôme révélateur d'ennui et de l'envie à vouloir abandonner la conversation ou bien le lieu où l'on se trouve.

Posture
=======

La posture constitue un autre facteur-clé pour une évaluation adéquate et complète du langage de notre corps et de la personne qui est en face de nous ; elle représente un indice important de l'état émotionnel et des traits de caractère, difficile à contrôler au niveau conscient, car elle touche à l'ensemble du corps, dans sa totalité. La posture peut être prise en considération aussi bien quand le sujet est debout qu'assis ou encore allongé.

Lorsque nous analysons l'attitude posturale, nous évaluons un corps dans sa totalité, en considérant la façon dont ses différentes parties se lient entre elles et comment elles se mettent en relation avec le monde extérieur et les autres personnes. Dans l'évaluation d'une posture, il faut bien faire attention à la différentiation entre les caractéristiques imputables aux éléments structurels, physiques ou dérivant simplement d'une attitude habituelle, avec celles qui, au contraire, peuvent nous fournir un soutien valable pour pouvoir évaluer l'état mental et émotionnel d'autrui, au moment d'une circonstance donnée ; l'évaluation correcte de ce paramètre est une tâche ardue vu que la posture résume, dans une certaine mesure, notre vécu, notre éducation et nos habitudes.

Nous devons, avant tout, définir les deux typologies d'attitudes posturales typiques, propres à des dispositions caractérielles bien précises :

1. **Attitude dépressive :** elle concerne les personnalités aux états d'esprit principalement négatifs, moroses, pessimistes et qui éprouvent fréquemment des sentiments d'inadéquation et d'embarras ; on perçoit le corps comme lourd et encombrant, difficile à mouvoir et à coordonner ; cela tend à provoquer une attitude courbée, avachie sur elle-même, intentionnée à occuper le moins d'espace possible, renfermée sous la protection des bras et des jambes qui se présentent souvent croisés ;

2. **Attitude dominante :** elle caractérise les personnes sûres d'elles et positives, qui ont une approche constructive, voire agressive et dominante, envers les autres et envers la vie. Le corps a tendance à adopter une position verticale,

d'ouverture, les membres sont écartés, ils ne se ceignent jamais le torse pour le protéger ; la tête reste haute et le cou tendu. La tendance de cette typologie de sujets est celle d'occuper beaucoup d'espace autour de soi ou d'avoir, de toutes façons, l'intention de le faire.

Indépendamment des caractéristiques caractérielles que nous avons prises en considération et qui influencent la posture, il est possible d'identifier certaines modifications qui concernent notre attitude générale, que volontairement ou pas, nous adoptons au moment de nos interactions avec les autres, pour communiquer certains messages et états émotionnels :

- La **position courbée** a tendance à être associée à un faible taux d'intérêt pour l'interlocuteur ou envers la situation dans laquelle il se trouve, comme également aussi à une attitude de soumission ou de résignation ; elle est caractérisée par une fermeture générale de l'ensemble du corps vers son centre de gravité : cette typologie de posture présente le dos courbé, plié en avant, les épaules affaissées et peu fermes, une attitude en général peu solide et peu réactive aux stimuli ; la tête aussi est penchée vers le bas, alors que les membres sont pendants ou croisés ; dans le second cas, il est probable que la personne abrite des sentiments d'hostilité et d'intolérance à l'égard de l'interlocuteur ;

- Contrairement à la précédente, une **posture droite et symétrique** est souvent associable à la volonté de participation et à l'intérêt démontré envers les autres, à un sentiment d'ouverture et de collaboration visant à l'interaction avec le milieu environnant ; cette position est typique auprès de ceux qui se sentent sûrs d'eux-mêmes et qui ne ressentent pas de menaces en provenance du milieu où ils se trouvent ; le corps est réactif aux stimuli, les épaules sont droites et la poitrine est ouverte, la tête est penchées vers le propre interlocuteur et les membres sont mobiles ou de toutes manières, ils ne tendent pas à être croisés.

Une posture qui apparait comme trop rigide et posée, caractérisée par une forte tension musculaire et par le manque de naturel, pourrait exprimer une certaine tension ou une préoccupation de la part de la personne qui l'adopte ; au contraire, une posture trop détendue, adoptée en écartant de façon inappropriée les jambes, et en prenant une position asymétrique et retombante d'un côté, pourrait être interprété comme un indice d'insolence ou comme la volonté d'exprimer de l'indifférence ou de l'intolérance envers la situation.

Un phénomène intéressant à prendre en considération concerne ledit "écho postural" : lorsque l'on est détendus, immergés dans une situation réconfortante, on a tendance à assumer la posture du propre interlocuteur, surtout s'il s'agit d'une personne que l'on connait très bien : ceci représente un expédient très puissant pour mettre à l'aise la personne que l'on a en face.

Bien sûr, comme pour tous les autres facteurs analysés jusqu'à présent, l'attitude posturale doit être évaluée avec soin, en association avec tous les autres facteurs afin de parvenir à une compréhension correcte et complète de la situation.

Proxémie

Cette discipline a pour objet l'étude de la gestion de l'espace, des distances entre les personnes et de la valeur communicative que nous pouvons leur attribuer.

Il s'agit de l'un des aspects fondamentaux dans l'évaluation du langage corporel ; le choix de la distance que nous mettons entre nous et les autres est un indicateur important de nos caractéristiques caractérielles, de notre état d'esprit et de nos intentions vis-à-vis des autres. Nous ne pouvons oublier que, dans ce domaine, et peut-être de façon bien plus significative, par rapport aux autres pris en considération jusqu'à présent, le conditionnement opéré par l'éducation reçue constitue un facteur déterminant ainsi qu'aussi et surtout, la propre culture d'appartenance ; il est notoire que les différentes zones géographiques de la planète ont élaboré des règles et des conventions sociales très différentes qui déterminent les distances sociales : dans l'Europe du Nord, par exemple, on a tendance à garder une distance majeure par rapport aux pays de culture arabe ou de ceux appartenant aux pays méditerranéens.

Celles reportées ci-dessous sont les distances conventionnelles, qui sont reconnues, en ligne de principe, dans le monde occidental :

- **Espace intime restreint** (distance 0-15 cm) ; il est réservé, en général, uniquement au partenaire ou aux personnes avec lesquelles on a instauré un rapport de confiance totale et d'intimité ;

- **Espace intime** (distance 15 - 45 cm) ; il s'agit de l'espace réservé aux amis ou aux proches plus intimes, il peut aussi être envisagé lors de situations particulières telles que les activités sportives, les concerts, ou des évènementiels ;

- **Espace personnel** (45 - 120 cm) ; il est réservé à la famille ou bien aux amis ; il s'agit de la distance que nous mettons d'habitude entre nous et les autres au sein du milieu domestique, ou bien lors de situations de convivialité et de normalité ;

- **Espace social** (1,2 - 3,6 m) ; il représente la distance entre soi-même et le propre entourage social, qui peut se composer de fréquentations, de parenté ou de collègues de travail, d'enseignants et de formateurs, donc des personnes avec lesquelles il n'a été établi aucun rapport emprunté à une confidentialité particulière ;

- **Espace public** (au-delà de 3,6 m) ; il s'agit de la distance entre soi-même et les personnes que l'on ne connait pas ou avec lesquelles on ne souhaite établir aucun genre d'interaction. Si l'on devait garder à cette distance nos fréquentation ou des amis, ce geste pourrait être interprété comme un message évident de refus et d'indifférence.

Il est essentiel d'évaluer, avec justesse, en toute circonstance et dans tout contexte, la pertinence de la distance que nous mettons entre nous et les autres ; pour avoir la certitude de se comporter, à chaque fois, de manière appropriée, il sera nécessaire de s'adapter aux conventions sociales et culturelles du lieu où nous nous trouvons à un moment donné. Le manque de respect de ces règles pourrait signifier la formulation d'un jugement négatif de la part de notre entourage ; dans le cas d'une entrevue pour un emploi, pour un examen ou d'un rendez-vous pour une rencontre formelle, le fait d'outrepasser le seuil minimal de "l'espace social" pourrait être considéré comme déplacé, en nous faisant passer pour des personnes excessivement hardies ou irrespectueuses de l'espace et de la vie privée d'autrui. Au contraire, si nous nous trouvons dans une situation détendue et informelle, en famille, entre amis, au restaurant ou à une fête, maintenir une distance trop élevée pourrait nous qualifier aux yeux des autres, comme des personnes indifférentes, hermétiques ou même hostiles. Notre personnalité et nos traits caractériels ont une grosse influence sur la façon dont nous évaluons l'espace extérieur qui nous entoure: les personnes plus épanouies et avec moins de retenue n'auront pas de problèmes à se rapprocher auprès des autres, même s'il s'agit de personnes connues depuis peu ; il s'agit en général, de personnes qui établissent des rapports amicaux confidentiels en très peu de temps et qui sont très ouverts sur eux-mêmes; ils ont tendance à s'approcher des autres avec facilité, par exemple, en serrant et en embrassant sur les joues leurs amis ou leurs fréquentations, même s'il n'y a pas de rapport de confidentialité d'établi. Il existe, à la fois, des personnes particulièrement jalouses de leur propre intimité et de leur vie privée qui tendent à accorder moins de confiance et à instaurer un certain espace, réel et métaphorique, entre elles et les autres, même s'il s'agit d'amis de longue date. Naturellement, il n'est pas possible de déterminer de manière définitive s'il existe une façon juste ou fausse d'évaluer la propre sphère personnelle et la propre intimité ; toutefois, nous pouvons affirmer qu'il serait préférable, afin de toujours se comporter de manière appropriée et courtoise, de vouloir respecter, en règle générale, les conventions sociales avec lesquelles nous sommes confrontés à un moment donné, et donc en tout cas, de ne pas exagérer, ni en se rapprochant ni en s'éloignant de trop.

Éléments du langage paraverbal

Une autre composante fondamentale qui affecte de façon cruciale la transmission d'un contenu verbal concerne l'aspect paraverbal, ou le système vocal non verbal, c'est à dire tout ce qui concerne la "voix" au moyen de laquelle nous disons quelque chose. Le ton, le rythme, le volume sont tous des éléments à bien prendre en considération lors de l'évaluation d'un échange verbal, vu le fait, que comme pour le langage du corps, ils peuvent déterminer, d'une façon décisive, le sens des mots.

Ton : le ton de la voix est un facteur paraverbal qui peut attribuer à des contenus verbaux identiques, aux mots qui sont les mêmes, des significations très différentes, voire antithétiques ; le ton de la voix, qui consiste, pratiquement, dans des notes musicales que nous utilisons lorsque nous parlons, est, en effet, capable d'imprimer à un certain contenu verbal une connotation émotionnelle déterminée selon qu'il soit aigu, grave, vibrant, monotone, résolu, indécis, et ainsi de suite. Un ton particulier sera donc révélateur d'un certain état émotionnel qui sera recueilli par le propre auditeur et qui sera bien pris en considération lors de la réception du message que nous désirons communiquer. Lorsque le ton diffère significativement du contenu verbal, il est très peu probable que l'on puisse attribuer aux mots un poids significatif, mais ce sera le ton lui-même qui sera perçu comme représentant du message fondamental.

Timbre : il s'agit d'un facteur largement conditionné par des éléments physiologiques, tels que l'âge et la conformation physique, et qui se ne se prête donc pas au contrôle volontaire ; toutefois il a tendance à varier en fonction des contextes auxquels la personne est confrontée et il peut être modifié, pour une moindre partie, par l'exercice.

Rythme : le rythme utilisé par une personne lors de la prise de parole peut représenter un indicateur d'une importance extraordinaire pour comprendre son état émotionnel et son caractère, ainsi que la valeur attachée au message communiqué : parler à un rythme excessivement ralenti et monotone amènera notre interlocuteur à se distraire et cela pourrait donner l'impression que la personne même qui parle ne soit pas particulièrement intéressée ou à la hauteur de ce qu'elle dit ; d'autre part, un débit des propos excessivement rapide peut représenter un élément négatif pour une transmission adéquate du message car il pourrait être perçu comme un symptôme d'agitation, d'anxiété ou d'embarras. Une correcte modulation du rythme de la voix, en fonction des différents moments de la conversation ou de l'exposition, représente une stratégie gagnante afin que les propres interlocuteurs maintiennent une attention élevée.

Silence : la gestion des silences et des pauses aussi représente un facteur à bien prendre en considération lorsque nous analysons les aspects paraverbaux d'une communication : parler sans pauses rendra une conversation difficile à suivre, car elle ne donnera pas à l'auditeur la possibilité d'assimiler ce qu'il écoute et donc de pouvoir réfléchir sur ce qu'il apprend ; en revanche, faire trop de pauses pourrait risquer d'ennuyer l'auditeur qui tendra à se distraire plus facilement. Les pauses devraient donc être utilisées pour conférer un rythme équilibré à la conversation, pour tester la réaction du propre interlocuteur ou du propre auditoire et aussi pour mettre de l'accent sur un certain concept, mais elles ne peuvent jamais représenter de simples intervalles, entre une phrase et une autre, dépourvus de sens.

Volume : l'utilisation d'un certain volume de la voix peut être un facteur clé dans l'interprétation d'une interaction verbale. Élever le volume de voix d'une façon significative, lors d'un certain passage du propre discours, peut signifier que ce que l'on est en train de dire revêt une valeur particulière, et que l'on retient donc comme fondamental que les auditeurs puissent en recueillir chaque mot. Un ton de voix particulièrement élevé, associé à une certaine intonation, peut aussi être l'indice d'un état d'esprit altéré, agité ou irrité. En revanche, un ton de la voix particulièrement bas peut être interprété comme synonyme d'un manque de considération ou d'intérêt pour ce que l'on est en train de dire ; ou encore une voix basse et flébile pourrait être synonyme de mauvaise humeur, d'un état mental morose. Il s'agit d'un facteur qui est fortement conditionné par les habitudes personnelles et l'éducation reçue, il doit donc être évalué avec un certain critère.

Lorsque nous parlons, que ce soit avec un ami ou bien devant une foule, le fait d'éviter de conférer à la propre voix un effet statique et monotone revêt donc une importance capitale ; d'autre part, il faut apprendre à moduler tous ces facteurs propres à la communication paraverbale, dans le but de rendre un discours captivant, dynamique et envoûtant, en augmentant ainsi nos capacités de communication.

Nous avons examiné les facteurs qui composent la grammaire du langage corporel dans leur multiplicité. Les signes, les gestes, les expressions, les mouvements : tout contribue à déterminer cette langue que notre corps parle constamment avec le monde extérieur, que nous nous en rendions compte ou pas. Une fois appris les rudiments de ce langage, il faudra tirer profit des grandes capacités que cette connaissance nous confère, en utilisant au mieux, à chaque occasion cette capacité de lecture et d'auto-lecture. Pour parvenir à ce but, il est nécessaire d'effectuer de l'exercice, de prêter attention et d'avoir de la patience, il faut travailler avec constance pour apprendre à reconnaitre au mieux, au jour le jour, tous les signaux que nous recevons et nous transmettons.

Voyons alors quelles sont les principales situations et les contextes les plus importants au sein desquels nous pouvons exploiter nos connaissances pour gérer au mieux et en notre faveur, le cours des évènements, en évaluant, en connaissance de cause, ce que les autres souhaitent réellement nous communiquer et en adaptant, en conséquence, notre comportement et nos propos.

Comment utiliser le langage corporel pour avoir du succès

« Vous n'aurez jamais une deuxième chance de faire une bonne première impression. » - Oscar Wilde

« Celle-là, je ne la supporte vraiment pas. Ne me demandez pas pourquoi : c'est une sensation épidermique ! » Combien de fois nous sera-t-il arrivé de formuler un tel jugement, de ressentir un sentiment d'antipathie incompréhensible à l'égard de quelqu'un ? Peut-être, nous connaissons à peine la personne en question avec laquelle nous n'avons échangé que quelques phrases de circonstance, ou bien même, elle ne nous a adressé aucun propos. Ceci est désormais prouvé scientifiquement : la première impression sur les autres se forme dans notre esprit en quelques instants, pour ne pas dire en quelques secondes, et il est extrêmement difficile qu'elle puisse être effacée au fil du temps.

Les facteurs clés qui contribuent à la formulation d'un premier jugement sont multiples, mais ce qui détermine d'une façon décisive, prépondérante, le genre d'appréciation que nous attribuons à une autre personne est représenté par les signaux qu'elle nous transmet, de manière plus ou moins consciente, avec son corps : la démarche, la façon de se mouvoir, la posture, les expressions faciales .....ce sont tous des éléments que notre esprit débroussaille automatiquement pour parvenir à formuler un jugement, surtout lors d'une première rencontre.

Ce flux d'informations est, dans la plupart des cas, géré de manière inconsciente, il ne passe donc pas au crible de notre raisonnement et de notre rationalité : pour cette raison, nous ne réussissons pas souvent à justifier les motivations à la base de nos jugements, surtout si nous n'avons pas l'habitude d'évaluer, en toute connaissance de cause, la communication verbale d'autrui.

Grâce à l'étude du langage corporel, il est possible d'apprendre à effectuer des évaluations plus attentives et plus réfléchies sur les personnes qui nous entourent, en apprenant à remarquer des détails, qui, autrement, passeraient inaperçus et en développant une attitude critique qui nous permet d'être conscients des motivations qui nous conduisent à traire certaines conclusions à l'égard de quelqu'un. Cet outil puissant, nous pouvons, ou plutôt nous avons le devoir de le tourner aussi envers nous-mêmes : un contrôle majeur de notre expressivité corporelle nous permettra de déployer au mieux nos cartes dans les différentes interactions sociales qui peuvent être difficiles à gérer : par exemple, si nous nous trouvons dans la condition de devoir être jugés dans un laps de temps relativement bref, il sera crucial de pouvoir faire passer auprès des autres notre première meilleure impression ; notre communication non verbale s'avèrera donc être notre allié précieux, pour poursuivre cet objectif.

- <u>Comment susciter une première bonne impression : l'entretien d'embauche</u>

Très souvent, la sélection du personnel, en particulier dans le cas des grandes entreprises, est confiée aux agences pour l'emploi et aux spécialistes externes dans le domaine des ressources humaines, des recruteurs qui ont une formation *ad hoc* pour évaluer la communication non verbale des candidats pour un poste de travail déterminé. Désormais l'entretien de sélection ne se limite plus à un simple résumé des propres expériences, des compétences, et des diplômes obtenus : il est indispensable, pour l'employeur en question, de pouvoir attentivement évaluer les nombreux facteurs qui peuvent constituer un aperçu le plus soigné possible des caractéristiques caractérielles et comportementales des candidats, pour comprendre s'ils seront ou non en mesure de mener à bien les tâches qui leur seront confiées et s'ils s'avèreront ou non être des ressources responsables, compétentes et loyales. Comme nous avons déjà eu occasion de le dire, très souvent, lors d'un examen, on crée expressément une situation de stress et de vulnérabilité (comme par exemple la suppression de tables en dessous desquelles cacher la partie inférieure du corps) pour tester avec le plus de précision possible la réaction des candidats à des situations données et à des questions ; il sera fondamental, à ce point, d'apprendre à contrôler les réactions du propre corps avant qu'elles ne puissent être perçues et enregistrées par la personne en vis-à-vis et avant qu'elles puissent risquer de porter atteinte de façon irréversible au jugement qui sera formulé sur le propre compte ; ceci ne veut pas dire déraciner ou supprimer les propres émotions pour se transformer en des automates insensibles, mais plutôt d'apprendre à les contrôler et à les gérer afin de pouvoir filtrer activement et responsablement ce que les autres perçoivent sur notre compte. Il est normal et physiologique d'éprouver de l'embarras ou un sens de tension lors d'un examen ou d'une entrevue, ce que nous pouvons apprendre à faire est de penser à surveiller notre corps et ses mouvements, dans le but de transmettre des messages qui puissent, pour autant que possible, donner une impression favorable.

Par conséquent, les chances de faire une bonne impression sur un jury d'examen ne dépendent qu'en partie du propre CV : un profil parfait du point de vue théorique ne l'emportera pas sur une impression négative. Afin de préparer au mieux un entretien d'embauche, nous devrons tenir compte d'un certain nombre de facteurs qui sont d'une importance fondamentale pour susciter une réaction positive auprès de nos interlocuteurs, lors des quelques minutes à notre disposition. Lors de l'entrevue, les examinateurs ou l'employeur lui-même essaieront de capter le plus d'éléments possibles pour tracer une vue d'ensemble de notre profil caractériel : il arrive souvent, que si soumis à une situation de stress hors de l'ordinaire, on puisse susciter une impression trompeuse qui ne reflète que très peu notre réelle personnalité, ne rendant donc pas justice à nos meilleures qualités. Développer une plus grande maîtrise de soi nous permettra de filtrer et de contrôler, de façon adéquate, les manifestations de notre état émotionnel. Mais comment nous préparer au mieux pour susciter la meilleure impression possible ? Sur quels éléments concentrer notre attention ?

L'aspect et le look

Le premier point, sur lequel il faut concentrer la propre attention, concerne le choix du type de vêtements à adopter ainsi que le soin de du propre aspect : ceux-ci aussi font partie à plein titre des facteurs composant la communication non verbale. Il arrive fréquemment d'attribuer aux simples critères esthétiques un poids excessif et inapproprié : d'autre part le dicton « l'habit ne fait pas le moine » est correct ; toutefois, il serait impensable de se présenter à un entretien d'embauche auprès d'une grande entreprise, avec même l'ambition d'obtenir un rôle de responsabilité et de prestige, en arrivant en salopette, en bermudas ou en robe de soirée ; il s'agirait d'une démonstration manifeste et évidente d'un manque de compréhension des codes sociaux et de la bonne éducation, et donc une très mauvaise carte de visite. Naturellement le choix de la tenue vestimentaire devra être en ligne avec la position pour laquelle nous postulons : il serait totalement déplacé de se présenter en costume lors d'une entrevue pour la sélection de barmans alors qu'un style décontracté suffira ; si, en revanche, le poste visé est un poste de direction, il conviendra d'opter pour des vêtements plus formels, qui respectent l'habillement typique du milieu où l'on souhaite s'insérer.

Ce que nous devons transmettre avec notre aspect est un sentiment de fiabilité et de sérieux : donc le fait de choisir une tenue sobre, dépourvue d'éléments qui attirent trop l'attention pourrait s'avérer un bon choix ; tout en ayant soin, d'autre part, de ne pas non plus apparaitre comme négligés ou relâchés. Il faut avoir soin d'éviter des coiffures exubérantes, exagérées, ou bien pour les femmes, il est recommandé de ne pas adopter de maquillage excessif ou inapproprié.

La poignée de main efficace

La première interaction interpersonnelle dans le milieu professionnel est constituée, d'habitude, par une poignée de main : à partir de ce geste rapide, et en apparence banal, il est possible de procéder à l'identification d'une série d'éléments caractériels de grande importance. Une poignée de main faible et hésitante, peut-être même moite aussi, sera interprétée comme l'indicateur d'un caractère tout autant soumis : il est donc important de serrer la main de l'autre avec fermeté et sécurité, en tournant la paume de la propre main vers le haut, avec un geste en mesure de transmettre de la disponibilité et de la confiance : il faut aussi éviter d'exercer une force excessive sur la main de l'autre, et de faire durer la prise trop longuement. Lors de ce passage, il est important, voire fondamental, de sourire et de regarder droit dans les yeux la personne avec laquelle nous interagissons. Une fois l'entrevue terminée, ne pas oublier de serrer à nouveau la main à toutes les personnes présentes.

Maintien du contact visuel

Le maintien d'un contact visuel approprié sera un élément à bien prendre en considération pendant toute la durée de l'entrevue : comme nous l'avons souligné en précédence, il s'agit d'un facteur d'une importance extrême dans la communication non verbale. Il est fondamental de garder un contact constant mais pas insistant, en évitant de regarder fixe dans les yeux pendant trop de temps ou bien de toiser l'interlocuteur de haut en bas ; il faut également, veiller à ne jamais éviter le regard des propres examinateurs, en le détournant de leur visage pour regarder vers le bas ou bien dans une autre direction : il s'agit d'un geste qui pourrait être interprété comme un synonyme de faiblesse, d'anxiété ou de crainte.

Adoption de la posture correcte

L'attitude posturale représente l'un des aspects fondamentaux à tenir en compte, car il sera perçu comme un indice révélateur de notre état émotionnel et de nos caractéristiques de caractère.

Dans le but de susciter la meilleure impression possible, il est important, donc, d'adopter la posture correcte : garder le dos droit mais pas trop raide, la poitrine en avant et la tête haute : les parties de notre corps devront être disposées de façon symétrique, pour éviter d'adopter des positions non coordonnées.

Il faudrait éviter de plier le dos et de baisser la tête vers le bas, en refermant la poitrine : cette posture pourrait transmettre une sensation de fermeture, de méfiance ou de crainte, le genre d'impressions qu'il faut éviter à tout prix, lors d'une entrevue.

Le fait d'incliner légèrement le corps en avant dans la direction de nos interlocuteurs, avec un allongement et une inclinaison de la tête en pliant le cou, mais tout en gardant une posture posée, exprime une position qui souligne de la réactivité et témoigne de la participation : elle nous aidera à apparaitre réellement investis par la discussion et attentifs aux propos de notre interlocuteur.

Il est important que la posture correcte soit adoptée avec naturel, nonchalance et qu'elle résulte spontanée : avoir l'air trop rigide et tendu peut donner l'impression d'être excessivement inquiets quant au succès de l'entretien ; si l'on adopte une attitude excessivement figée et tendue, nous pourrions, même, apparaitre comme des personnes arrogantes et pleines d'elles-mêmes.

Une attitude posturale correcte constituera une carte de visite fondamentale, elle nous fera percevoir comme des personnes sûres, attentives et fiables.

Si nous sommes amenés à nous déplacer dans la pièce où se déroule l'entretien, nous devrons soigneusement évaluer la distance à établir entre nous et les personnes présentes, en évitant de nous rapprocher ou de nous éloigner de trop par rapport à notre interlocuteur et en ayant soin de respecter les distances proxémiques les plus appropriées à la situation : il est souhaitable d'établir entre soi et les autres une distance qui se situe entre un et trois mètres, typique de la distance dite sociale. S'approcher de trop sera, en effet, interprété comme un geste indiscret et déplacé ; alors que garder une distance excessive sera l'indice révélateur d'une attitude effrayée et craintive.

Eviter de croiser ou d'écarter de façon excessive les bras et les jambes

Lors de l'entrevue, il faudra éviter de chevaucher les jambes et de croiser les bras, mais aussi de les ouvrir de façon excessive : l'idéal serait de garder les jambes parallèles entre elles mais non pas trop éloignées l'une de l'autre. Le mouvement et la position des bras et des mains devraient être naturels et pouvoir varier en fonction du moment en cause : si nous parlons, il serait plus opportun que les mains accompagnent nos propos pour les mettre en valeur, en veillant à ne pas trop gesticuler ; lorsque nous écoutons, elles devraient être appuyées sur nos jambes ou éventuellement sur les accoudoirs de la chaise ou de la table en face de nous. Il faut toujours éviter de sembler excessivement figés en restant immobiles : le fait de modifier légèrement la propre position lors de l'entrevue démontrera un état d'esprit détendu et confiant. Il n'est donc pas nécessaire de garder les membres dans la même position tout le temps, ceci donnerait l'idée d'une tension excessive et ce serait, de toutes façons, trop difficile. Croiser pour quelques instants les bras ou les jambes ne posera pas un grand problème, mais il est préférable d'éviter de garder cette position pendant trop de temps, car, comme nous l'avons vu, c'est un geste qui signifie de la fermeture à l'égard de l'interlocuteur et il pourrait être lu comme un signal de crainte ou d'anxiété.

Eviter les mouvements qui fassent transparaitre de l'énervement

Pour éviter d'apparaitre excessivement agités ou inquiets, il est important d'éviter les gestes qui puissent mettre en évidence du stress, de l'énervement ou de l'inquiétude, surtout avec les mains et les pieds.

Tripoter les mèches de cheveux ou un petit objet, se frotter les mains, tortiller un bout de vos vêtements, se ronger les ongles... ils se réfèrent tous à des comportements qui pourraient induire nos observateurs à nous juger excessivement tendus et anxieux ; ceci représenterait un élément très négatif dans la définition de notre évaluation. Le fait aussi de bouger continuellement les pieds, en tapant rythmiquement sur la pointe des pieds ou le talon pourrait être interprété comme un indice d'impatience et d'agitation. Il faut, également, éviter de poser les mains de façon anormale en les mettant par exemple sous les genoux, derrière le dos ou entre les jambes : cela pourrait être considéré comme une attitude propre à ceux qui veulent dissimuler quelque chose.

Il faut avoir une certaine maîtrise de soi pour gérer ces mouvements qui sont souvent involontaires et qui échappent à notre contrôle conscient ; il est important également de garder les membres détendus pendant toute la durée de l'entrevue, et s'opposer à l'instinct de se toucher d'autres parties du corps avec les mains, comme, par exemple, celui de porter les mains au visage ou à la tête, ou bien de se frotter les bras ou les jambes, il est fondamental que les mains restent libres et qu'elles puissent suivre de façon naturelle le cours de la conversation, en accompagnant et en mettant en valeur nos propos.

Il est aussi possible de transmettre de la tension par le biais de la propre mimique faciale : il est donc important de contrôler constamment l'expressivité du propre visage, en le gardant détendu et ouvert aux stimuli que nous captons, en évitant de déclencher des mouvements nerveux et des tics, comme par exemple, en souriant de façon tendue, en serrant les lèvres, en clignant des paupières de façon non contrôlée, en fronçant excessivement les sourcils et ainsi de suite.

La mimique faciale devra, au contraire, communiquer un état d'esprit le plus possible serein et positif : un visage souriant et serein représente certainement une bonne carte de visite ; attention toutefois à ne pas exagérer. Nous avons constaté combien il soit facile d'évaluer le manque de sincérité d'un sourire : il est donc fondamental de chercher à adapter les propres expressions faciales en fonction du déroulement de la conversation, en ne souriant que lorsqu'on le juge approprié et que si le moment le permet.

Adopter le ton de voix approprié

Nous passons maintenant à l'examen de certains des aspects relatifs à la communication paraverbale, à garder à l'esprit lors d'une entrevue : comme nous avons déjà eu l'occasion de le souligner, afin de captiver votre interlocuteur et transmettre de façon convaincante un message, il est important de moduler les caractéristiques vocales de la propre élocution au cours de la conversation, en évitant un ton de voix qui puisse se révéler froid et impersonnel : il faut éviter d'adopter une voix monotone et chantante, mais aussi bruyante et exubérante. Le volume devrait être maintenu dans la moyenne : parler trop fort pourrait indiquer une confiance en soi excessive, alors qu'au contraire un volume trop bas pourrait signifier un état de crainte. Il est important de modifier le propre ton et le propre registre linguistique en fonction du contexte, en s'adaptant à la situation spécifique : il faudra éviter de paraitre trop formels et posés si les propres interlocuteurs manifestent la claire intention d'établir une communication plus décontractée pour nous mettre à l'aise ; en revanche, il faudra toujours bien évaluer l'opportunité de faire recours à un ton et un lexique excessivement familier, s'ils ne sont pas adoptés par les examinateurs eux-mêmes.

La mise en pratique de ce genre de "décalogue", nous permettra d'augmenter nos chances de faire une excellente première impression, ce qui, conjointement à nos qualifications et à nos titres, nous permettra d'optimiser nos possibilités d'être remarqués et, espérons-le, sélectionnés par les examinateurs.

Il s'agit d'une série de recommandations qui peuvent être, sans problèmes, appliquées aussi lors de situations sociales différentes, en les adaptant éventuellement en fonction du contexte. Il s'agit de bonnes pratiques à adopter, par exemple lors d'un examen, d'une réunion de travail officielle ou, plus en général, lorsque nous avons affaire à des personnes que nous ne connaissons pas ou avec lesquelles nous n'avons pas instauré un rapport de confidentialité et sur lesquelles nous souhaitons faire bonne impression.

- <u>La communication non verbale dans les situations de conflit</u>

L'utilité et l'importance de la connaissance de l'expressivité non verbale reposent, entre autres, sur la possibilité également d'une gestion responsable et optimale de situations extraordinaires, telles que les conflits et les différends ; en utilisant le langage du corps, nous pouvons fournir une réponse toujours constructive et raisonnée, calibrée en fonction de la circonstance et des personnes qui nous entourent. Comprendre le lexique du corps nous permettra, en effet, d'avoir une compréhension plus rapide et précise des états d'esprit des autres, en nous mettant dans les conditions de pouvoir intervenir de la façon la plus appropriée, même lors d'une situation compliquée ou anormale : en outre, la capacité d'exercer le plein contrôle de la propre expressivité corporelle et de la propre gestuelle nous permettra de moduler et de gérer nos réactions pour obtenir le résultat souhaité, en optimisant l'efficacité des messages, que nous communiquons aux personnes, qu'ils soient ou non verbaux.

Il peut arriver, par exemple, d'avoir affaire à des personnes altérées, en colère, agressives qui pourraient, sous la pression de l'agitation du moment, représenter un danger pour nous-mêmes, pour autrui, et envers elles-mêmes. En de tels cas, nous pourrions faire recours à nos compétences de communication pour gérer au mieux la situation, en évitant ainsi que les choses puissent dégénérer au pire.

Reconnaître la colère chez l'autre

Il y a une série d'éléments qui peuvent être identifiables dans la mimique faciale, dans les gestes corporels et dans la proxémie qui constituent un indice irréfutable d'hostilité et de colère ; s'il nous arrive de les remarquer auprès d'une personne proche de nous, ces signaux devraient nous mettre de suite dans un état d'alerte, dans le but de prendre en considération les développements potentiels ultérieurs qui pourraient se produire. Les changements corporels caractérisant une personne qui devient agressive car en proie à la colère, sont la conséquence de l'activation de précises dynamiques physiologiques visant à la préparation de l'attaque dont l'origine est identifiable dans la composante plus "animale" de notre esprit ; ces réactions sont communes à tous les êtres humains, indépendamment de la culture d'origine ou de l'éducation reçue, et elles caractérisent l'émotion de la colère, même s'il n'y a aucune intention de provoquer une attaque physique. Certains de ces automatismes sont propres aussi à d'autres espèces animales.

L'un des aspects les plus significatifs à prendre en considération concerne le type de regard adopté par une personne en proie à la colère, représentant souvent l'un des premiers signes à faire surface : les yeux d'une personne hostile et en colère sont fixés et tournés vers l'objet qui suscite sa réaction : rechercher le regard de l'autre et maintenir le contact visuel est un signe évident de défi et de provocation. Les yeux sont souvent grands ouverts et écarquillés, le battement des paupières se raréfie, afin de concentrer toute l'attention sur la propre "cible". Le regard de défi est souvent associé à une expression du visage butée, hargneuse, renfrognée : les sourcils sont froncés tout comme le front, ce qui rend le regard encore plus intense et pénétrant, les muscles du visage sont contractés, les lèvres et les mâchoires serrées, les narines élargies ; dans certains cas, la contraction de la bouche peut laisser entrevoir les dents. Comme nous pouvons le noter, certains de ces éléments sont identifiables également auprès de la mimique animale, dans le grognement du chien, par exemple.

Une émotion intense de colère peut aussi être responsable du changement de coloris d'un visage : une personne altérée, d'habitude, a la peau du visage qui rougit et elle a chaud, elle a souvent tendance aussi à transpirer et à trembler. En revanche, une pâleur soudaine peut représenter le signe incontestable de l'approche d'une atteinte physique, du fait que l'afflux de sang vers les membres dénote la préparation au combat.

Un autre élément présent fréquemment dans l'expression de la colère est constitué par les mains serrées en poings, un geste manifestement menaçant qui révèle l'intention de déclencher une éventuelle attaque ; souvent, ce signal s'accompagne d'une tension musculaire globale et d'une posture rigide, caractérisée par les épaules voûtées, le torse déployé en avant, les bras tendus et contractés, et un membre inférieur dirigé vers la cible. Parfois, les mains peuvent être placées sur les hanches, en gardant les coudes vers l'extérieur, dans une posture adoptée avec l'intention de dilater la propre figure ; la gestuelle d'une personne en proie à la colère est saccadée, agitée, exaspérée et a tendance à envahir les espaces des autres.

Les aspects paraverbaux aussi sont impliqués dans l'expressivité de l'émotion de la colère : le volume de la voix a tendance à s'élever considérablement, tout comme la vitesse du débit des mots qui tendent à se chevaucher les uns les autres, ne laissant aux interlocuteurs aucune possibilité de réplique ; le ton et le timbre aussi, avec lesquels on s'exprime habituellement, peuvent avoir tendance à se modifier à cause de l'agitation en cours.

Comment se comporter avec une personne agressive

Une fois que nous aurons reconnu auprès d'une personne une attitude potentiellement agressive, le fait d'employer correctement la communication non verbale nous permettra de nous comporter de la manière la plus appropriée pour essayer de gérer la situation de la meilleure des façons, en transmettant des messages positifs et en adoptant une attitude conciliatrice et réconfortante, visant à tranquilliser les esprits et à établir un climat constructif. Cette façon de faire pourra contribuer à désamorcer une condition de tension, ainsi qu'à en faciliter la résolution.

Dans ces cas, il est important d'adopter une gestuelle qui puisse exprimer un message clair d'ouverture et d'écoute mais également décisif et assertif pour communiquer, d'une façon nette, les propres intentions.

Comme nous avons pu largement le constater, les bras ouverts expriment un geste visant à transmettre une sensation d'ouverture et de disponibilité, représentant un geste apaisant à l'égard d'une personne altérée : nous approcher de l'autre avec les bras et les mains ouverts et à découvert sera perçu comme un signe visant à la réconciliation ; il faudrait également éviter de cacher les mains derrière le dos et de les enfoncer dans la poche, ou de les serrer en un poing, afin de ne pas donner, à notre tour, l'impression de vouloir adopter une attitude agressive ou sournoise.

La position de la tête aussi peut assumer une valeur importante dans la gestion d'une personne agressive : garder la tête légèrement inclinée et avec le cou en évidence constitue un signe de soumission et de propension à l'écoute des motivations d'autrui. Il est important, en outre, d'avoir recours à une gestuelle qui vise à exprimer de l'intérêt à l'égard des arguments de l'interlocuteur : il sera préférable de garder un contact visuel continu mais non insistant, d'adopter une expression faciale détendue et réactive et, pour autant que possible, oser des sourires. Lors de circonstances délicates, il est important d'évaluer avec attention l'utilisation appropriée des distances à établir entre nous et les autres ; s'approcher de façon progressive peut représenter un geste important pour manifester la disponibilité à la collaboration et au dialogue ; toutefois, il faut veiller à ne pas exagérer en voulant précipiter les choses, en risquant d'envahir excessivement l'espace personnel d'autrui : ceci pourrait provoquer l'effet contraire à celui souhaité et à susciter une immédiate réaction de défense.

En plus des situations présentant des sujets en colère et potentiellement agressifs, on peut adopter, en d'autres circonstances également, une gestuelle corporelle apaisante et ayant pour but celui de tranquilliser l'autre, comme lorsque l'on se trouve, par exemple, à devoir gérer une personne en proie à un état de choc, d'agitation ou de peur.

- <u>Le langage corporel pour accroître les propres dons communicatifs</u>

Un grand nombre de traits caractériels qui identifient une personne sont clairs et reconnaissables dès l'enfance : certaines des spécificités qui nous distinguent sont tellement ancrées aussi bien dans la psyché que dans le corporel, qu'elles sont difficiles à modifier et à gérer lors du cours de la vie, au point de pouvoir presque constituer, en certaines circonstances, un lourd fardeau. Il arrive, en effet, que certaines activités et expériences peuvent nous apparaitre comme inenvisageables pour le simple fait de ne pas savoir comment les gérer et les exploiter d'une manière optimale, à cause justement de notre attitude.

Pour une personne sociable et désinvolte, le fait de se trouver au centre de l'attention, représente, par exemple, une condition de normalité absolue, qui ne constitue, en aucune manière, un motif de tension et d'inquiétude Au contraire, pour un sujet timide et renfermé, devoir prendre la parole en public ou bien interagir à l'interne d'un groupe peut constituer un défi d'un certain niveau de difficulté, comme également une source potentielle de stress et d'angoisse, au point de se sentir, souvent, contraints à y renoncer, pour éviter de paniquer et de devoir faire, en conséquence, une mauvaise impression qui risquerait de compromettre la propre image.

Ceci dit, nous ne devons pas nous résigner au fait que le propre caractère puisse représenter un obstacle à ce que nous voulons ou nous devons faire : nous disposons de nombreux outils pour apprendre à mieux gérer nos émotions et notre expressivité, ainsi que la capacité de développer un contrôle de plus en plus important de nous-mêmes et de notre corps. Comment alors la connaissance du langage corporel et de ses multiples potentiels peut-elle s'avérer utile à cet objectif ?

Apprendre les éléments fondamentaux et les dynamiques qui caractérisent une communication non verbale efficace peut être d'une grande aide dans la gestion de situations qui pourraient, en raison de prédispositions spécifiques caractérielles, représenter une source d'anxiété et de peur. En plus des connaissances d'ordre théorique, il y a beaucoup de choses que nous pouvons faire quant aux aspects pratiques.

S'il est vrai, comme nous l'avons amplement démontré, que l'état émotionnel et les traits caractériels influencent la corporéité selon de multiples modalité, il faut aussi garder à l'esprit que le contraire est tout aussi vrai. C'est-à-dire : l'éducation et la familiarisation de notre corps à l'adoption volontaire de certaines postures ou mimiques faciales influenceront par extension l'esprit, par conséquent il se vérifiera une véritable réponse émotive, émotionnelle à une modification corporelle donnée. De cette façon, nous pouvons apprendre à nous calmer et à nous maîtriser, ainsi qu'à nous éduquer à mettre en pratique des attitudes particulières, grâce à la stimulation de certains mécanismes corporels. Le corps et son "éducation" s'avéreront alors être un outil fondamental pour accroître nos compétences en matière de communication et pour réussir à mieux gérer notre socialité ; ce type de *training* peut s'avérer stratégique pour toute personne ayant des problèmes liés à l'anxiété sociale. Cela peut aider, par exemple, à développer un style de communication plus assertif et résolu, ce qui est un élément fondamental pour les personnes qui ont des problèmes liés à l'estime de soi ou à l'incertitude.

Bien sûr, ces indications sont un guide précieux même pour ceux qui n'ont pas de problèmes particuliers de timidité : très souvent des gens sociables et avec une approche communicative, peuvent commettre, sans le savoir, des erreurs de communication qui pourraient compromettre la transmission correcte du contenu, dues souvent à leur considérable désinvolture et confiance en soi. Trop bouger et de façon désordonnée, parler trop vite, gesticuler de manière excessive, pour ne citer que quelques exemples, sont tous des facteurs qui peuvent faire perdre l'attention de la part du propre interlocuteur et qui peuvent constituer un écueil à la construction d'une présence influente en mesure d'inspirer de la confiance.

<u>Utiliser le langage corporel pour devenir des orateurs efficaces</u>

Comme nous l'avons déjà amplement soutenu, le langage corporel est un élément si fondamental dans les interactions interpersonnelles, qu'il parvient, en présence de certaines circonstances, à surpasser le contenu verbal ; cela peut arriver soit que vous parliez vis-à-vis d'une personne, soit que vous preniez la parole face à un groupe ou même à un auditoire tout entier. Une erreur, qui pourrait être commise lors de la préparation d'un discours public ou d'une leçon, est celle de ne se concentrer que sur l'aspect verbal, en soignant la grammaire, la syntaxe, le vocabulaire et la fluidité du texte général ; il s'agit, sans aucun doute, d'aspects fondamentaux, mais si les mots ne sont pas associés à une expressivité corporelle appropriée et efficace, même le meilleur des discours écrits s'avèrera avoir peu d'impact auprès du public.

Une pleine maîtrise de notre corps, qui devra être préparé à la situation, avec de l'exercice et de la pratique d'une manière constante et ciblée, nous permettra d'agir de manière plus sûre et consciente, pour parvenir à attirer l'attention de notre public et à lui transmettre les messages de façon appropriée, en veillant à ce qu'ils aboutissent correctement à destination. Certains gestes et certains mouvements, une démarche particularisée, représenteront tous des facteurs indispensables pour conquérir du charisme et de l'ascendant auprès des personnes qui nous écoutent, en réussissant à communiquer efficacement, et en affinant ainsi nos compétences oratoires. Quels sont les éléments les plus importants sur lesquels se concentrer ?

Comment construire une image influente de soi-même ?

Commençons par considérer l'aspect qui, peut-être, revêt la plus grande centralité et importance dans le cas du *public speaking,* c'est-à-dire l'utilisation la plus appropriée de la propre voix.

Lorsque nous parlons en public, c'est notre voix qui joue sur scène le rôle principal : la contrôler au mieux, dans tous ses aspects, sera un facteur décisif pour faire en sorte d'obtenir une attention continue du public. Nous avons déjà énuméré les facteurs clés qui composent la communication paraverbale : le ton, le timbre, la vitesse du débit, le volume, sont tous des éléments qui doivent être modulés de manière appropriée lors de notre exposition, afin que notre voix soit persuasive et convaincante.

Dans le cas où l'on soit confronté à un monologue de plusieurs heures, si, de plus centré sur une matière difficile à exposer et à comprendre, l'un des aspects à évaluer avec le plus d'attention est constitué par la nécessité de faire des pauses, en alternant de façon appropriée les mots avec les silences : ceci ne doit pas être effectué de façon aléatoire, mais en suivant une logique de fond ; les silences ne devront jamais ressembler à des vides, mais au contraire, ils devront revêtir une valeur communicative précise dans l'exposition. En plus du besoin physiologique de la part de l'orateur de reprendre son souffle, l'utilisation correcte d'une pause sera cruciale, dans une phrase, afin de mettre davantage l'accent sur un concept que nous illustrons, tout en donnant aussi aux auditeurs la possibilité de suivre de manière optimale.

Pour assurer le maintien d'un seuil d'attention toujours élevé de la part de notre public, nous devrons veiller à ne jamais être ennuyeux, monotones ou prolixes ; il sera ensuite fondamental de modifier l'intonation de la propre voix, en utilisant une large gamme de nuances pour souligner notre discours en fonction des contenus que nous exprimons. Que nous utilisions ou non un microphone, la modulation du volume sera un facteur important à prendre en considération : nous devons nous assurer que les spectateurs soient en mesure de nous écouter sans devoir s'efforcer à interpréter un ton de voix trop faible, et sans être dérangés par un volume trop élevé. Le volume, en outre, représente un outil pour mettre de l'accent et souligner l'importance de certains passages du propre discours.

Examinons maintenant les aspects liés à la communication non verbale, ceux proprement liés à la cinétique.

Pour toute la durée de l'exposition, la propre gestuelle et la propre mobilité ne devront jamais constituer un élément de distraction du contenu verbal : au contraire, il est nécessaire que le langage corporel puisse accompagner de la manière la plus appropriée les mots prononcés, tel qu'un outil nécessaire à véhiculer au mieux le message verbal que nous souhaitons transmettre au public, en veillant à le renforcer et à le souligner, sans jamais le mettre en marge ; nous devrons, à cet effet, éviter toutes ces attitudes qui peuvent aller en contradiction avec nos mots, ou qui risquent de détourner l'attention des spectateurs présents du contenu de nos mots à notre figure. Un geste inconsidéré, une série de mouvements saccadés, un ton de voix anormal : il s'agit d'éléments qui pourraient tous contribuer à détourner l'attention du public de nos propos et donc compromettre notre pouvoir de persuasion.

La sensation que nous devons essayer de transmettre à nos auditeurs est un ressenti de sécurité, de stabilité et de cohérence. La posture est l'un des facteurs qui influencent le plus la transmission d'un état émotionnel particulier et des traits caractériels spécifiques : nos contenus seront livrés de la manière la plus appropriée si nous réussirons à conférer à notre figure une image influente ; pour atteindre cet objectif, il est essentiel d'adopter une attitude posturale posée et symétrique, en gardant le dos droit mais non rigide, la poitrine en avant et les épaules détendues ; il faut donc éviter les postures renfermées ou figées, qui, comme nous l'avons déjà expliqué, expriment un état mental négatif ; le tronc devrait toujours adopter une orientation parallèle par rapport au sol, en évitant les positions courbées, asymétriques ou excessivement tendues. Si nous devons rester assis, il faut adopter les mêmes précautions : garder une posture droite et symétrique sans être raide.

Il faut aussi éviter de distraire le public en gesticulant fébrilement et sans raison, en changeant trop souvent de position, en arpentant nerveusement le sol en avant et en arrière sans un schéma, en sautillant d'un pied à l'autre, tous ces mouvements pourraient exprimer des symptômes d'énervement et d'anxiété. En particulier, certaines actions pourraient nuire, de manière significative, à l'efficacité de la communication verbale : se gratter le visage, la tête ou le cou, pourrait être perçu comme un geste d'incertitude ou de doute, tendant à faire chanceler notre respectabilité.

Il est donc important de concentrer la propre attention, en particulier, sur les pieds et sur les mains, qui, comme nous l'avons vu, constituent les parties du corps, peut-être, les plus difficiles à soumettre à un contrôle volontaire: les pieds doivent être fermement plantés au sol, de manière à transmettre un sentiment de solidité et de stabilité, tandis que les mains et les bras doivent suivre, de la manière la plus appropriée, l'exécution du discours, en mettant l'accent sur certains passages et en recherchant constamment l'interaction avec le public, afin de le faire participer.

Ne pas trop bouger ne signifie pas ne pas bouger du tout ; au contraire, il est fondamental de se déplacer dans l'espace en le gérant de la manière la plus appropriée, afin de transmettre une image de détente et de tranquillité ; il faut, toutefois, le faire avec soin et critère, en suivant un schéma raisonné et en se déplaçant avec un but précis, en se démontrant maîtres de l'espace qui nous entoure.

Il est vital que la propre figure, dans son ensemble, apparaisse centrée et qu'elle puisse maintenir une position solide pendant toute la durée de l'exposition, en évitant, autant que possible, les oscillations : nous pouvons, même, nous devons bouger, surtout si nous sommes debout ; mais il est important que les mouvements ne soient pas désordonnés et fortuits, mais qu'au contraire, nous possédions toujours une orientation. Il est également important que la posture et la gestuelle véhiculent un message d'ouverture, de disponibilité et d'implication ; il est utile, dans ce but, d'utiliser les bras de la manière la plus appropriée. Les mains peuvent être un outil de grande importance pour impliquer le public, surtout lorsque nous parlons assis : nous avons vu combien la gestuelle manuelle constitue un canal de communication d'une grande importance, en particulier dans certaines cultures et contextes sociaux. Grâce aux mouvements des mains, il est possible de véhiculer un grand nombre de messages, de stimuli et d'émotions, à harmoniser avec nos propos verbaux. Garder les mains et les bras, dans une position statique ou même fermée, représente une grande limite pour ce qui est de l'implication du public ; il sera utile, au contraire, que les mains puissent suivre le cours de l'exposition : on peut utiliser les doigts pour indiquer, énumérer, souligner des concepts ou encore mimer une action que nous exposons.

Un autre aspect à considérer concerne le maintien constant du contact visuel avec le propre public : de façon similaire à une interaction interpersonnelle entre deux personnes, dans le rapport de un à plusieurs également, il est important que soit maintenu un contact visuel constant : ne pas se concentrer, donc, uniquement sur les notes, les textes ou les diaporamas ; au contraire, il est souhaitable de déplacer les yeux de la manière appropriée, en essayant de croiser le regard des personnes présentes. Le fait d'adresser notre attention au public nous permettra également de tester leurs réactions et d'évaluer activement les éventuelles fluctuations de l'attention, en apportant des changements à notre exposition si nécessaire.

Ceux que nous avons énumérés se réfèrent à des conseils d'importance fondamentale que toute personne, souhaitant parler en public, doit garder à l'esprit ; naturellement, ils ne représentent qu'une base que chacun de nous pourra personnaliser et adapter en fonction du propre style de communication et en considération de la propre personnalité, tout comme en relation à des situations particulières auxquelles nous sommes confrontés : s'adresser à des enfants exigera la mise en pratique de mesures différentes par rapport à celles utilisées pour parler à un auditoire de médecins spécialistes.

- Le langage corporel pour faire la cour

Il n'est pas rare, par exemple, au retour d'un rendez-vous galant, de n'être pas tout à fait convaincus que l'autre soit sincèrement intéressé à nous ; souvent, en effet, on a du mal à interpréter les signaux émis par la personne de l'autre sexe et nous pouvons nous trouver dans la condition désagréable de ne pas du tout savoir quelles sont les intentions réelles de l'autre : est-il/elle intéressé(e) ? Y-a-t-il quelqu'un d'autre ? Est-ce-que notre relation a des chances de durer ?

Le comportement des autres, peut, quelquefois, sembler un casse-tête insoluble : les messages que nous recevons sont cryptiques ou contradictoires, les attitudes semblent nous communiquer des choses différentes en fonction du moment, et d'habitude, les mots des autres ne viennent jamais à la rescousse pour éclaircir la situation. Faire la cour est une forme d'interaction entre deux personnes, extrêmement complexe et articulée, composée d'un grand nombre d'éléments et de multiples facteurs à prendre en considération. Il est rare que les propres intentions et le propre intérêt soient explicités avec des propos et des comportements évidents : un flirt est constitué d'allusions, de non-dits, de silences et de regards ; la séduction parle un langage propre, subtile et enchevêtré, qu'on a souvent du mal à comprendre.

L'une des raisons qui rendent le "jeu" de la séduction aussi compliqué à comprendre est due au fait que les deux sexes, sous de différents aspects, parlent une langue corporelle différente. Nous avons expliqué, en précédence, combien la communication non verbale possède un caractère tendanciellement universel et il n'y a aucun doute à ce propos : toutefois, il existe, en effet, de nombreux facteurs en fonction desquels l'expressivité corporelle des hommes et des femmes se différencie d'une façon substantielle. La raison doit être recherchée dans les facteurs d'ordre biologique : même si la culture joue également un rôle de grande importance et que, de plus en plus, au fil du temps, les comportements des hommes et des femmes aient tendance à converger, les réactions instinctives des femmes diffèrent de celles des hommes pour une raison d'ordre hormonal et physiologique.

De quelle façon la connaissance du langage corporel peut-elle nous venir en secours ? Comment pouvons-nous affiner nos capacités de compréhension de l'autre ? Une connaissance plus détaillée des comportements dynamiques typiques de l'autre sexe lors de la séduction, peut nous aider à lire de manière plus efficace et certaine, les intentions des autres à nos égards, et à comprendre, par conséquent, si la personne que nous fréquentons, ou qui nous plaît, s'intéresse ou non à nous; cela nous permettra d'éviter de se retrouver dans des situations désagréables, de susciter des embarras et des malentendus, outre au fait d'éviter de cultiver de faux espoirs vis-à-vis de ceux qui ne partagent pas nos sentiments ou qui démontrent à notre égard une absence d'attirance physique.

La connaissance des différences subtiles qui se passent entre les langages corporels masculin et féminin nous permettra non seulement d'évaluer de façon plus précise avec qui nous avons affaire mais également de nous exprimer d'une manière efficace afin de nous assurer que l'autre capte notre intérêt, afin de communiquer nos sentiments sans devoir forcément nous extérioriser avec des propos ou des gestes explicites.

L'attraction physique déclenche une série de réactions physiologiques qu'il est difficile de pouvoir dissimuler : un œil attentif saura les reconnaître et les évaluer correctement. Examinons quelques aspects fondamentaux à garder à l'esprit, par exemple lors d'un premier rendez-vous romantique pour essayer de comprendre, d'une manière plus profonde, les intentions réelles de l'autre, en soulignant aussi les aspects qui représentent les différences entre les comportements masculin et féminin.

Regard

Il ne s'agit pas d'une scène que l'on ne voit que dans les films : il arrive souvent qu'au début d'une attraction fatale, il n'y ait qu'un simple regard. Le regard représente, incontestablement, l'une des armes les plus puissantes de séduction et de magnétisme, et non pas que lors d'un flirt.

L'évaluation attentive du regard de l'autre, lors de toutes les phases de la séduction, constituera un élément décisif pour interpréter un intérêt éventuel à notre égard : nous avons déjà eu l'occasion de considérer que, comme dans d'autres domaines, le maintien du contact visuel représente une arme fondamentale pour transmettre l'intérêt et l'implication. Mais en quoi se diffère un regard qui démontre un intérêt romantique d'un regard comme un autre ? Fondamentalement, il s'agit d'un regard plus intense, profond et persistant : la personne concernée ne réussira littéralement pas à décrocher les yeux du sujet qui la séduit. Tendanciellement, le regard féminin sera plus languide, sensuel, séducteur : il se peut qu'afin de séduire un homme qui suscite son intérêt, la femme affiche le dénommé « regard de biche » un regard qui transmet de la douceur et de la vulnérabilité, souvent caractérisé par la tête inclinée d'un côté et le battement des cils plus accéléré que d'habitude ; le regard masculin est caractérisé par une sécurité majeure, il est plus direct et intense et il s'accompagne à un froncement des sourcils, signe de concentration et d'attention. Comme nous l'avons dit en précédence, la présence de la pupille dilatée constitue, pour tous les deux sexes une confirmation ultérieure d'attraction physique.

<u>Adoption de postures "séduisantes"</u>

L'adoption également de certaines postures peut trahir l'intention de séduire physiquement l'autre : une attitude posturale adoptée dans le but de se mettre en évidence, de souligner certaines caractéristiques physiques bien précises représente un signe de séduction évident. Quant à ce facteur, nous pouvons identifier des différences significatives entre les sexes masculin et féminin : les femmes auront tendance à adopter une posture particulièrement droite, raide et caractéristique, en amenant la poitrine en avant tout en rentrant le ventre, pour offrir une belle vue de la propre silhouette et de son décolleté ; dans la posture féminine, les jambes sont habituellement croisées à la hauteur des genoux. Nous avons souligné combien les jambes croisées peuvent être considérées un geste de fermeture et de méfiance, mais dans le cas de la séduction, cette position joue un rôle tout à fait différent : en effet, en croisant les jambes, la femme les met en évidence, surtout si elles sont découvertes ; dans ce cas, les jambes apparaissent sinueuses et suivront naturellement les mouvements du corps ; la jambe supérieure se dirige d'habitude en direction de la personne qui suscite le propre intérêt. La posture masculine présente des différences considérables : un home intéressé et attiré sexuellement par une personne aura tendance à s'asseoir avec les jambes écartées, en exposant la zone du bassin ; le mains sont habituellement posées à la hauteur de l'entrejambe ou encore enfilées dans les poches en laissant les pouces dehors ; l'attitude apparait plus détendue et plus résolue par rapport à celle de la femme ; les pointes des pieds et les jambes, comme dans le cas des femmes, pourraient être orientées vers l'objet de leur intérêt .

L'écoute active

Afin d'accélérer l'établissement d'un rapport confidentiel et profond, il est fréquent que deux personnes qui se plaisent tendent à accentuer les signaux et les réactions indiquant un intérêt particulier pour les mots de l'autre, afin de se montrer toujours attentionnées et concernées. Pour obtenir cet effet, on fait souvent appel à la gestuelle accentuée des mains et des bras, qui indique une réactivité majeure, comme également à une expressivité faciale plus décidée et puissante, visant à faire plaisir à l'autre en démontrant une participation émotive. Comme nous l'avons constaté en précédence, l'orientation de la tête est un élément qui dénote de l'intérêt : dans ces cas, la tête sera légèrement inclinée d'un côté, avec le cou plié et découvert et l'ensemble du corps qui suit le mouvement, en une position tendue vers l'avant visant à transmettre une disponibilité à l'écoute et l'attention.

Il y a un autre facteur souvent mis en place pour renforcer le lien entre deux personnes, on pourrait le reconnaitre dans ce que l'on appelle « l'effet caméléon » : l'émulation, habituellement involontaire, des mouvements de l'autre, représente, indéniablement, un indice d'adhésion et d'implication : il s'agit d'une attitude visant à instaurer un rapport de plus grande entente avec l'autre, un rapprochement qui peut être mis en action aussi bien par le séducteur que par la personne séduite.

Naturellement, le sourire est un signal fort d'intérêt et d'attraction, peut-être l'un des plus importants à interpréter ; il est fondamental de déterminer correctement s'il s'agit oui ou non d'une expression sincère, en évaluant l'implication de l'expressivité du visage dans son intégralité.

Les mouvements des mains

Il y a une multiplicité de gestes et d'actions liés à l'art de la séduction: toucher le propre corps, en particulier les zones érogènes ou les zones qui peuvent être attrayantes pour l'autre sexe, représente un signal évident de séduction : pendant l'approche, il est fréquent de voir les mains de l'homme posées autour de la zone du bassin, en particulier vers la zone génitale : une autre position fréquente est celle de garder les mains dans les poches, en ajustant de façon répétée la ceinture ou le pantalon ; de leur côté, les femmes auront tendance à utiliser les mouvements de leurs mains pour mettre en évidence le visage, le décolleté ou les jambes.

Le fait de passer les doigts sur le visage en effleurant les lèvres peut être interprété comme un indice d'attraction extrême envers l'autre, comme si l'on voulait presque esquisser un baiser ; ce geste s'accompagne souvent à un mouvement de la langue que l'on montre pour quelques instants ou que l'on passe sur les lèvres ; se mordiller légèrement les lèvres est un geste qui peut être lu de façon similaire.

Les oreilles constituent également une zone érogène, tant chez les hommes que chez les femmes : donc, le fait de se toucher ou de se gratter fréquemment l'une des oreilles, ou toutes les deux, dénote une attirance physique évidente.

Se soucier constamment de la propre apparence, presque compulsivement, dans le jeu de la séduction, est un autre facteur clé qui est commun aux hommes comme aux femmes : les femmes auront tendance à se toucher, et à se coiffer très souvent les cheveux, en les caressant, en les lissant, en changeant souvent de coiffure, en les plaçant derrière les oreilles ou derrière les épaules ; quant aux hommes, il leur arrive fréquemment de se toucher la barbe, les cheveux, ou, s'ils la mettent, la cravate. Les deux sexes, avec une certaine prévalence chez les femmes, ont tendance à se toucher fréquemment les vêtements, dans le but de les réaligner et de les remettre en ordre ; les femmes surtout, auront tendance à se soucier d'ajuster les vêtements en proximité des zones les plus prisées par les hommes, telles que le décolleté, la taille, le bassin ou les jambes.

Un geste, peut-être pas très considéré, mais particulièrement fréquent chez les femmes qui sont attirées par quelqu'un, concerne les mains qui restent mobiles, en détendant en particulier, les muscles du poignet et de l'avant-bras.

La Proxémie

La proxémie et la gestion des espaces peuvent également constituer un élément à bien prendre en compte lors d'une interaction entre deux personnes: si l'on tend à raccourcir de plus en plus les distances, ceci représentera un indice d'intérêt incontestable, exprimant l'intention d'instaurer une confidentialité majeure ; une personne qui souhaite entrer en intimité avec l'autre sera, entre autres choses, à la recherche continue d'un contact physique, en profitant de toutes les occasions d'interaction avec le corps : poignées de main, tapotements sur le dos, frôlements des doigts, et ainsi de suite ; en outre, ou en alternative, elle aura tendance à toucher le les effets personnels du sujet qui éveille son intérêt, tels que les téléphones ou les bijoux, en les prenant entre les mains ou en les caressant : ils peuvent, en quelque sorte, suppléer au contact physique. Il faut veiller à ne pas surestimer ces aspects relatifs à la proxémie et à les évaluer toujours en combinaison avec d'autre facteurs, car ils pourraient aussi être le résultat d'habitudes ; il pourrait être utile aussi, à ce propos, d'observer le genre d'interaction adoptée avec d'autres personnes telles que les amis ou des proches pour en capter les différences éventuelles ;

Une fois encadrés les signaux émis ainsi que les mouvements et les gestes dénotant une attirance sexuelle et amoureuse, nous pouvons employer ces éléments pour déchiffrer, de façon plus aisée, aussi bien les personnes de notre entourage, que pour les utiliser, à notre tour, dans la communication ; une utilisation optimale de ces signaux peut accroître nos chances de faire une bonne impression sur la personne qui nous intéresse, en lui faisant percevoir d'une manière subtile, mais nette, notre attraction, tout en évitant de devoir nécessairement nous exposer de façon excessive.

Exercices et conseils

L'apprentissage, à un niveau purement théorique, des éléments de base de la communication non verbale et de leurs différentes applications, peut s'avérer très peu utile ou même pas du tout, si nous ne sommes pas, dans le concret, en mesure d'en faire un usage pratique; afin d'en tirer un avantage réel et tangible, il est nécessaire d'apprendre à lire le langage corporel des personnes de notre entourage dans la vie quotidienne, d'évaluer ce qu'elles nous communiquent et donc agir en conséquence, et nous adresser aux autres, à notre tour, en utilisant le lexique de notre corps.

Il ne s'agit donc pas d'une discipline théorique mais d'une pratique, d'une technique qu'il faut apprendre à manier à travers un exercice constant, qui nous permettra, au fil du temps, d'affiner nos capacités, pour pouvoir les utiliser dans la vie de tous les jours.

Énumérons donc une série d'idées pratiques qui peuvent s'avérer utiles pour s'exercer à interpréter la communication non verbale et à s'exprimer par son moyen, et qui pourront être effectués individuellement ou avec d'autres.

- Regarder la télévision, un film ou une série en éteignant l'audio peut représenter un simple exercice qui nous poussera et nous habituera à concentrer notre attention sur l'expression du corps, dans le but de comprendre ce qui se passe, uniquement au moyen de l'observation. Privés du soutien verbal auquel nous sommes habitués, nous serons contraints à faire exclusivement recours à la lecture du langage corporel pour comprendre les émotions que les individus ressentent ainsi que la situation qu'ils sont amenés à vivre ; bien entendu, ce sera d'autant plus efficace si l'on regarde quelque chose que nous n'avons déjà pas vu auparavant avec le support audio.

- Le même exercice peut être effectué en observant les gens autour de nous dans la "vraie" vie quotidienne, surtout si leur position, par rapport à nous, est suffisamment éloignée pour ne pas nous permettre d'écouter ce qu'ils disent, nous obligeant ainsi à devoir interpréter l'expressivité corporelle.

Lorsque nous nous mettons à l'épreuve avec ce genre d'exercices, il peut s'avérer utile de se poser, de manière systématique, une série de questions qui nous incitent à évaluer les traits caractériels et les émotions en jeu relativement à la situation que nous observons : quelle émotion ou quel état d'esprit pouvons-nous déduire sur la base de l'expressivité corporelle des sujets analysés ? Quel genre de relation pourrait lier les personnes en question ? Y a-t-il de la confidentialité ou bien du recul ? S'aiment-ils, s'apprécient-ils ou se supportent-ils à peine ? De quoi parlent-ils ? Prêtent-ils attention aux mots de l'autre ? Et ainsi de suite.

Il y a aussi un ensemble d'exercices que nous pourrions effectuer en groupe :

- Une fois réuni un petit groupe de personnes, chacune d'entre elles pourrait choisir et adopter une expression ou une attitude visant à la représentation plastique d'une certaine émotion ; le "jeu" consistera à deviner la teneur de l'expressivité des autres participants ;

- Voici un autre exercice dans lequel vous pouvez impliquer d'autres personnes, peut-être même une seule : nous demandons à l'autre de réfléchir profondément à un événement qui s'est réellement produit dans sa vie et qui a été caractérisé par une forte et particulière implication émotionnelle : cet événement devra être reconstruit en détail, mentalement, en essayant de revivre pleinement l'expérience sous tous ses aspects ; sur la base de l'expression corporelle adoptée par la personne devant nous, il faudra donc essayer d'évaluer, bien entendu, en ligne générale, quel est le contenu du souvenir et, surtout, de comprendre s'il se caractérise par des émotions positives ou négatives.

Il est conseillé aussi de se mesurer avec des exercices visant à obtenir un plus grand contrôle de soi et de l'expressivité du propre corps, dans le but de pouvoir le contrôler au mieux, lorsque nous nous trouvons dans certaines situations sociales qui exigent des comportements particuliers.

Ces exercices sont très répandus, notamment dans le domaine du théâtre, et souvent mis en pratique par des acteurs ou par ceux qui, peut-être pour des raisons professionnelles, ont besoin de soigner au mieux l'efficacité de leur communication et de leur image sociale.

- L'un des exercices possibles consiste dans l'assimilation volontaire d'un état émotionnel particulier : une fois devant un miroir, amener à l'esprit le souvenir d'une expérience vécue sur la propre peau dans le but de susciter une certaine réaction émotionnelle ; à ce point, il faudra s'observer dans le miroir attentivement afin d'enregistrer la réponse du propre corps à ce stimulus et de mémoriser quel est le changement dans l'expressivité faciale et dans la posture ;

- L'exercice peut également être effectué dans le mode "inverse", c'est-à-dire: toujours devant un miroir, se concentrer sur l'adoption d'une expression particulière ou d'une attitude posturale, ou sur l'exécution de certains mouvements, tels que, par exemple, le point de frottement du corps avec les mains; à ce point, prêter toute l'attention possible aux réactions que cet acte parvient à déclencher, en ayant soin de se concentrer sur la propre vie intérieure, et en enregistrant quels sont les changements survenus en relation au propre état émotionnel et mental ; il sera nécessaire d'attendre simplement que la sensation parvienne à la propre conscience et, à ce point, essayer de la mémoriser ;

- Se filmer en lisant, en parlant ou en interagissant avec quelqu'un peut être un outil important pour apprendre à connaître notre corps et son expressivité; au début, cela peut faire une drôle d'impression, mais l'observation de soi-même est l'un des outils les plus puissants pour développer une plus grande maîtrise de soi; au fond, la personne que nous voyons le moins, c'est bien nous-mêmes: il est essentiel, alors, d'apprendre à prendre conscience des propres particularités expressives et de la propre gestuelle caractéristique, afin d'évaluer, avec connaissance de cause, s'il existe des aspects qu'il serait plus judicieux de changer afin d'acquérir une attitude différente. Cet exercice peut être particulièrement utile dans la préparation d'un discours, d'une leçon ou d'une conférence : dressons un résumé des choses à dire et à pratiquer devant la caméra pour exposer notre intervention, en associant aux mots une gestuelle corporelle appropriée. Lorsque nous passons en revue la vidéo que nous avons tournée, prêtons attention également aux aspects paraverbaux caractérisant notre façon de nous exprimer et qui, comme nous l'avons vu, constituent un facteur tout autant décisif dans la communication non verbale.

Conclusion

Nous sommes parvenus aux termes de ce bref voyage dans le monde de la communication non verbale : nous avons examiné le sujet en accomplissant un rapide tour d'horizon sur les principaux facteurs et en ne traitant que sommairement les éléments fondamentaux; bien entendu, ne considérons pas ce thème, de quelque façon que ce soit, comme épuisé : il s'agit d'un domaine auquel se rattachent des disciplines différentes, comprenant aussi bien des apports plus distinctement biologiques et génétiques que des facteurs proprement anthropologiques, psychologiques et culturels. En effet, l'étude du langage corporel est abordée, de façon transversale, par différentes branches des sciences : de la psychologie aux neurosciences, de la sociologie à la linguistique, de l'anthropologie aux sciences cognitives. Il s'agit d'une technique qui est aussi un peu un art, et que l'on apprend et on perfectionne en faisant interagir l'instinct naturel, l'étude et beaucoup d'expérience : c'est une discipline qui est très complexe et encore en cours de définition et d'expansion ; son avenir et ses développements ultérieurs seront certainement influencés, de manière décisive, par l'apport des outils que la technologie saura fournir, ainsi que par l'échange avec les sciences lesquelles, ces dernières années, sont en train d'exprimer leur potentiel illimité, telles que les neurosciences.

Le progrès scientifique nous permettra, bien vraisemblablement, de développer une compréhension toujours plus profonde et plus précise du lien qui unit notre corporéité et notre esprit, avec un accroissement des possibilités de lecture du corps entendu comme expression de l'esprit et de l'intériorité. Cependant, pour aborder, en tant que "non-initiés" le langage du corps, et en tirer immédiatement les bénéfices et les avantages tangibles, il n'est pas nécessaire de posséder un bagage bourré de connaissances théoriques : la découverte des potentialités de la communication non verbale est, en fait, une expérience que nous pouvons tous faire en première personne, en commençant à observer avec soin nous-mêmes et les personnes de notre entourage, pour évaluer la nature des relations que nous nouons avec le monde extérieur ainsi que le type de réactions que notre comportement suscite auprès d'autrui. Nous rapprocher de la compréhension du langage corporel se révèlera être éclaircissant, stimulant et surtout utile, à condition, naturellement, de bien garder les pieds sur terre : n'imaginons pas de pouvoir lire l'esprit d'autrui comme s'il s'agissait d'un livre ouvert ; nous avons largement pris en compte la multiplicité des facteurs à évaluer, leur complexité et la profonde influence exercée par les différents contextes dans lesquels il se trouvent. Les êtres humains et leur esprit constituent, d'autre part, l'objet le plus difficile à étudier de la part de la science : même les professionnels les plus expérimentés ne peuvent se vanter de la capacité de comprendre instantanément et parfaitement les émotions des autres ; d'autre part, le mentalisme n'est qu'une ruse.

Dans une époque comme la nôtre, marquée par une perte progressive et apparemment inexorable du contact physique dans les relations humaines, redécouvrir l'importance et la centralité de la communication corporelle, laquelle, comme nous l'avons vu, constitue la forme d'interaction la plus ancienne et la plus liée à nos dimensions biologiques, peut assumer une valeur d'une importance particulière ; la majorité des gens tend à exclure cet aspect de leur vie sociale, fondant leurs relations sur le simple échange verbal, lequel, la plupart du temps, s'effectue par le biais de moyens impersonnels, tels que des messages ou des appels téléphoniques. Il faut vraiment se demander quel est le degré de profondeur émotionnelle que de telles relations humaines peuvent atteindre et à quel point l'émotivité est exclue par des liens aussi superficiels et éphémères. C'est précisément pour cela que la redécouverte de la dimension de la corporéité peut représenter, aujourd'hui une sorte de boussole, utile pour connaître les possibilités et les dynamiques propres de la relation intersubjective ainsi que de ses multiples aspects, au niveau qu'aujourd'hui, nous tendons à mettre en marge, celui du corps ; un niveau qu'il faudrait redécouvrir, pour nous remémorer également que l'homme est un animal linguistique, social, politique, mais tout d'abord, un animal.

Autres livres de Vincent Caron

Psychologie Sombre: Manuel de Persuasion Avancée et de Manipulation Mentale : comment engager, convaincre et persuader

Voici comment convaincre les autres à faire ce que vous souhaitez, sans que personne ne s'en aperçoive ! ...

Dans ce livre, vous trouverez toutes les techniques spécifiques et les méthodes pratiques pour persuader, guider et contrôler l'esprit des personnes. Obtenir ce que vous voulez des autres n'est pas seulement possible mais facile et beaucoup plus rapide à apprendre que vous ne le pensez.

La majorité des livres sur cette matière promet on ne sait combien de trucs infaillibles de contrôle mental. **«Psychologie Sombre»**, au contraire ne contient que des méthodes prouvées scientifiquement, empruntées auprès des chercheurs, des négociateurs et des marketeurs reconnus comme étant les meilleurs au monde.

Depuis la nuit des temps, en effet, les êtres humains essaient de s'influencer les uns les autres. En se basant sur près **de vingt ans de recherches auprès des meilleurs spécialistes de psychologie**, ce livre vous démontrera comment changer complètement les opinions des personnes grâce à des manœuvres mentales subliminales et invisibles.

Vous obtiendrez une connaissance de la psychologie humaine que peu de personnes possèdent et c'est cette « **superpuissance** » qui permet aux personnes à succès d'obtenir non seulement ce qu'elles veulent mais également de l'attirer dans leur vie, sans lever le petit doigt.

Dans «**Psychologie Sombre**», vous découvrirez :

- Comment contrôler de manière simple et efficace les décisions des autres, sans utiliser la force ou l'arrogance ;
- Comment implanter une idée dans l'esprit de votre interlocuteur, sans qu'il s'en rende compte ;
- Comment analyser et contrôler les comportements des personnes ;

- Comment découvrir les pensées de votre interlocuteur en «lisant» les signaux de son corps et ses réactions ;

- Les techniques pour créer un état mental qui permet aux personnes d'être prêtes à accepter vos idées ;

- La méthode pour devenir irrésistible aux yeux des autres ;

- Les phrases, les mots et les techniques de langage pour persuader et influencer qui que ce soit ;

- Comment communiquer vos idées, votre pensée et vos opinions de façon persuasive et convaincante en toute situation ;

Vous apprendrez à obtenir ce que vous voulez de façon simple, sans pour autant apparaître comme grincheux, manipulateur ou arrogant. Une capacité de persuasion de ce type rendra votre vie incroyablement plus simple parce que vous serez en mesure de comprendre la psychologie humaine même dans ses aspects les plus sombres.

N'attendez pas davantage ! Achetez dès maintenant votre exemplaire de « **Psychologie Sombre** » pour devenir un maître de la persuasion.

Pour en savoir plus, encadrez le code QR suivant avec l'appareil photo de votre smartphone.

www.ingramcontent.com/pod-product-compliance
Lightning Source LLC
Chambersburg PA
CBHW030909080526
44589CB00010B/226